Feminist Counseling Studies

JN207497

フェミニストカウンセリング研究

2019
vol.16

発行　特定非営利活動法人日本フェミニストカウンセリング学会

CONTENTS

2019
vol.16

Feminist Counseling Studies

特定非営利活動法人
日本フェミニスト
カウンセリング学会

フェミニストカウンセリング研究
Vol.16

性暴力被害というトラウマを抱えた女性を連携して支援するための方法と課題
〜京都SARAの活動の経験から〜

周藤由美子

要旨

トラウマインフォームドケア（TIC）の視点を地域・社会で共有することにより、トラウマによる困難を抱えながら自ら支援を求めにくく社会的に孤立している女性を支援機関につなぐための連携ネットワークづくりを行うためにはどうすればいいか。ウィメンズカウンセリング京都では、2015年より京都府から委託を受け、京都性暴力被害者ワンストップ相談支援センター、愛称：京都SARAを運営している。このSARAは、トラウマについての認識がまだあまり共有されていなかった機関も含め、京都府内の様々な関係機関と連携してジェンダーの視点での性暴力被害者支援を行ってきた。この３年間の活動の実践を振り返り、連携支援する取り組みの現状とその課題について検討した。SARAの開設により可能になった支援・連携がある半面、連携をさらに実質的なものにするためには、連携機関への働きかけを広げることや、法制度整備などの課題に取り組むことが必要である。

●キーワード●

・トラウマインフォームドケア　・性暴力被害者支援
・ワンストップ支援センター　・ジェンダーの視点　・連携支援

1、はじめに

ウィメンズカウンセリング京都（以下、WCK）は、2017年度からRISTEX（科学技術振興機構　社会技術研究開発センター）「安全な暮らしをつくる新しい公/私空間の構築」研究開発領域採択プロジェクトの「トラウマへの気づきを高める"人―地域―社会"によるケアシステムの構築（研究代表者：大岡由佳）」に参加している。トラウマインフォームドケア（TIC）[1]の視点を地域・社会で共有することにより、トラウマによる困難を抱えながら自ら支援を求めにくく社会的に孤立している（主に）女性を支援機関につなぐための連携ネットワークづくりを考えるのがWCKに与えられたテーマである。WCKは2015年より京都府から委託を受け、京都性暴力被害者ワンストップ相談支援センター、愛

称：京都SARA（以下SARA）を運営している。このSARAは京都府内の様々な関係機関と連携して性暴力被害者支援を行っている。SARAの３年間の活動を通して、トラウマについての認識がまだあまり共有されていなかった機関も含め、連携支援する取り組みの現状とその課題について検討したい。

2．ワンストップ支援センター[2]とは

　日本で初めて性暴力被害者ワンストップセンターが作られたのは、2010年に大阪の阪南中央病院内に開設された「性暴力救援センター・大阪（SACHICO）」である。内閣府は「性犯罪・性暴力被害者のためのワンストップ支援センター開設・運営の手引」（内閣府犯罪被害者等施策推進室、2012年5月）を作成し、センターの種類を「病院拠点型」「相談センター拠点型」「相談センターを中心とした連携型」の３種類とし、病院拠点型が望ましいとしている。平成28年４月１日に閣議決定された「第３次犯罪被害者等基本計画」に「ワンストップ支援センターの設置促進」が盛り込まれた他、平成27年12月27日に閣議決定された「第４次男女共同参画基本計画」でも、行政が関与するセンター設置数として各都道府県に最低１か所の成果目標が上げられた。これは平成30年10月に実現している。

　センターの開設、運営への公的資金としては、2014年度「性犯罪被害者支援モデル事業」と、2015年・2016年度「性犯罪被害者等のための総合支援モデル事業」とのモデル事業が行われ、2017年度からは「性犯罪・性暴力被害者支援交付金事業」となっている。しかし、その事業費は総額で2017年度1億6千万円、2018年度1億8千7百万円と決して十分とは言えない。

　ワンストップ支援センターの根拠法の必要性が指摘され、2016年５月に野党共同提案による「性暴力被害者支援法案」が衆議院内閣委員会に提出され、2018年６月には６野党１会派が修正法案を再提出したが、実現はしていない。

3．SARAの取り組み

①SARA開設の経緯

　WCKがワンストップ支援センターに関わることになったのは2013年5月、京都府警の訪問に始まる。警察庁が全国で性犯罪被害者支援の拠点設置を進めていたため、京都のセンター設置の可能性をリサーチしていたのだ。京都府内でセンター設置の動きがあるのなら、WCK も性暴力被害者支援の経験を活かして関わりたいと、これまで連携していた関係者に呼びかけて第1回の設置に向けた勉強会を９月に開催する。京都府のＤＶ計画見直しにあたり審議会メンバ

一だったWCK代表の井上摩耶子が、会議で医師会の理事やジェンダー研究の大学教員、男女共同参画対策監などと情報交換をする機会もあった。11月に行ったWCK呼びかけの勉強会には、府からも出席があり、オール京都でのセンター設置を可能にするためにも京都府が準備会を呼びかけたいと提案された。そして、12月9日には府議会で知事が設置を検討すると答弁。京都府がワンストップセンターを設置する方針が決まる。

2014年2月には京都府呼びかけで設置に向けての検討会が開かれた。それから1か月に1回のペースで検討会やワーキング会議が開かれる。その会議には民間機関としてWCKも当初から参加し、センターのイメージや支援員養成講座のプログラム案を提案した。8月には養成講座の運営がWCKに委託され、11月から支援員養成講座が開講される。

そして、12月に、京都府からWCKにセンター運営委託が提案された。京都府によるWCKへの運営委託の理由は、性暴力被害者支援には「ジェンダーの視点」での被害者へのエンパワーメントが必要であるというWCKの主張が理解されたからではないかと考えている。こうして2015年8月10日にSARAの活動がスタートした。

②SARAの支援について

SARAでは、警察が取り扱うレイプや強制わいせつなどの性犯罪に限定せず、望まない性的な行為を幅広く性暴力ととらえて、性的なＤＶや性的虐待も含めて支援対象としている。相談者の性別も問わず、子どもも相談対象である。ただ、京都府のセンターであることから、各機関の連携を踏まえた具体的支援の対象者は京都府在住在学在勤者に限定されている（電話相談は受けている）。

開設時間は10時〜22時の12時間[3]で、24時間の開設は実現していない。電話相談、来所相談（予約制）、病院や警察、弁護士会の法律相談の紹介、同行支援も行っている。また、医療費（産婦人科、精神科・心療内科とも１回）、カウンセリング（10回）の公費負担もある。

支援員は先述の支援員養成講座を全回受講し希望された方を京都府が登録している。2017年度まで4回開講した時点での登録者数が105名になり、一旦養成講座は休止している。当初、産婦人科医会の働きかけもあり、看護職の支援員が半数近くになる。

電話相談件数は、2015年度（8月〜約8か月）延321件、実人数153人、2016年度延1205件、実人数294人、2017年度延1555件、実人数314人だった。来所相談、同行支援件数とも2017年度は100件を超え、相談のニーズは予想以上に高かった。

　SARAは病院拠点型ではないが、証拠物の保管も行っている。京都地検や京都府警と京都府が協議した上で、産婦人科で証拠採取した証拠物をSARAで保管するまでのマニュアルを作成した。警察に届けることを決めかねる被害者に対して、証拠物を採取して保管しておき、後で警察に届けることにした場合に証拠物として提出するというものである。

③連携機関及び連携会議について

　SARAでは連携・検証会議が開催され、相談支援状況や連携体制の充実・強化などについて報告、検証を行うことになっている。連携機関は、医療機関（産婦人科・精神科等）、京都府警、弁護士会、京都犯罪被害者支援センター、カウンセリング機関・団体、婦人相談所・配偶者暴力相談支援センター（以下、配暴センター）、児童相談所、教育委員会、市町村等、京都府などである。年間１〜2回程度の実施になっている。また、連携会議は具体的なケースについての対応を検討するものではないが、個別ケースにおいて連携による支援の質を充実させるためにもケース検討会議のようなものを別に設定する必要があると考えられる。

4．連携の現状について

①警察との連携

　SARAと警察の連携の窓口は、京都府警察本部警務課犯罪被害者支援室である。まず同室に相談して、実際に対応する部署に連絡を依頼する。相談者が希望すれば警察にも同行支援を行っている。

　被害者は被害の詳細を警察で繰り返し話さなければならないことから、警察への被害申告を躊躇することも多い。また、警察官から「逃げられたのではないか」「抵抗できなかったのか」などと二次被害的な発言を受け、傷つく場合もある。そういった場合に、SARAの支援員の同行支援があれば警察に届け出るハードルが下がると考えられる。しかし、事情聴取の席に支援員が同席できない場合も少なくなく、被害者の負担軽減になっていないのではないかという懸念もある。

　また、警察に被害申告しても証拠が足りないなどとされ事件化されず、被害者にとって納得できない結果になることも少なくない。2017年7月に110年ぶりに刑法性犯罪が大幅改正されたが、特に暴行・脅迫要件が変わらなかったために事件化されないケースも多く、それは必ずしも現場の警察官の対応の問題とは言えない。

②医療機関との連携

○産婦人科

　SARA開設以前にも、警察が医療機関に被害者の診察、治療、証拠採取など
を求めた場合には、京都産婦人科医会と京都府警とが協力し対処するネットワー
クができていたので、SARA開設にあたっても、産婦人科医会ではこれを元
にした連携支援ができるという見解だった。具体的には、府内の産婦人科のあ
る医療機関のうち登録の意向を確認できた医療機関をリストアップし、必要に
応じて紹介、同行支援することとなった。登録数は現在５８機関である。現状
としては、協力的な産婦人科医療機関数か所に重点的に診察対応をお願いして
いる。登録医療機関の中にも、証拠採取や引き継ぎ作業や支援員が取りに行く
までの保管について対応の負担が大きいという声もある。

○精神科・心療内科

　これまでWCKが連携していた精神科や心療内科に協力を依頼している現状
があるが、依頼する患者が集中してしまうとその負担も大きいと思われる。ま
た既に受診されている場合にはその主治医との連携が重要課題である。

○泌尿器科など

　男性の急性期の相談はまだ入ってきていないこともあり、今後、連携する医
療機関を検討する必要がある。

③弁護士会との連携

　性暴力被害者支援の研修を受けた弁護士による1回無料の法律相談を利用で
きる。２人の弁護士が対応し、相談者は弁護士の性別を希望することもできる。
SARAの支援員の同行支援を希望される場合が多い。警察で被害届が受理され
なかった場合に、弁護士が作成した告訴状を提出すると事件化につながる場合
もあり、実際に起訴されたケースもあった。性暴力事案への弁護士による専門
的助言を求めたいという相談者のニーズは高い。

④カウンセリング機関・団体との連携

　臨床心理士会も連携機関であり、支援員養成講座の受講生募集に協力してい
ただき、支援員として臨床心理士の方も活動している。WCKはSARAの運営
を担うと同時に連携機関の一つでもある。公費負担のカウンセリングはWCK
のカウンセラーがほとんど担当している。

⑤児童相談所との連携

　18歳未満の性的虐待の相談は児童相談所（以下、児相）への通告義務がある。
SARAでは実際にそのようなケースは少ない。性的虐待ではなく18歳未満の被
害者が保護者以外から性暴力被害にあった場合に、児相に相談するか否かは相
談者や家族などの意思や希望を聞きケースバイケースで対応している。18歳で

支援が切れる被害者に対して、児相などから継続的な相談先としてSARAを紹介したいという働きかけも少なくない。しかし、被害者自身が「相談の必要はない」などと相談に消極的であることが多く、実際には相談につながらないことが課題である。

⑥婦人相談所、配偶者暴力相談（配暴）センターとの連携

　京都府では、京都府家庭支援総合センターに婦人相談所と配暴センター、児童相談所が統合されている。自宅での生活が危険であると思われる性暴力被害者などから「シェルターに避難したい」という相談があった場合には、家庭支援総合センターに一時保護を依頼する方法がある。婦人相談所の根拠法は売春防止法（以下、売防法）であるが、ＤＶ防止法施行以降は配暴センターもそこに併置されている。性暴力被害者の生活の場を保障する法制度がないため、売防法を拡大適用して一時保護を依頼することになっている。性的ＤＶだけを理由に配暴センターで一時保護されることは、ハードルが高い場合もある。家庭支援総合センターに入所している間は携帯電話が使えず、通勤・通学ができないという制限があり、特に18歳から20代前半の若年女性にとっては利用しづらい弊害がある。若年女性を対象にした自立支援ホーム等の利用が望ましい場合も多いが、定員が少なく入所することが難しい。[4]

⑦教育委員会との連携

　学校における性暴力事案への対応、性暴力の予防、SARAの広報・啓発のための性教育を実施するには、教育委員会との連携は必須である。しかし、京都府のセンターであるSARAと教育委員会は行政における管掌が異なることもあり、連携についてまだマニュアル化されていない現状がある。性暴力加害者も被害者も生まないための性教育の必要性については認識されているが、今後の課題といえる。

5．連携の方法と課題について

①個人情報の取り扱いについて

　ワンストップセンター設置の目的の一つに、被害者が何度も同じ話をしなくてもすむようにして被害者の心理的負担を軽減することがある。そのため当初は、共通の情報提供シートによって被害者情報が関係機関で共有できるように京都府内で調整されていた。これは個人情報の取り扱いに該当するため、個人情報保護審議会に諮られた。結果として、共通の情報提供シートではなく、それぞれの機関宛の情報提供シートを作成するという様式で対応することになった。そのため、その都度、各機関宛の情報提供シートを作成している。

相談記録開示を請求される事案も増えている。刑事や民事手続き時に、SARAでの相談内容が間接的な証拠として有効な場合があるからである。SARAでの相談記録は、公的な記録として京都府の個人情報の開示請求手続きに沿って請求されることになる。個人が特定され、どこまで開示するかという判断は個別の事案により、検討には時間がかかる。開示に要する時間的な負担軽減は課題の一つである。

②医療機関と女性相談機関

　支援員の半数が看護職であとの半数が様々な女性相談経験をもつのだが、医療従事者には他の女性相談における情報がほとんど共有されていないと実感する経験があった。ＤＶの相談窓口や男女共同参画センターの存在を知らない看護職の支援員が多数存在したからである。そのため性暴力被害をはじめとした様々なトラウマを抱えた患者さんの問題に気づかず、あるいは気づいても適切な相談支援機関につなぐ方法がわからなかったという現状があったようだ。医療従事者に女性相談についての情報をよりわかりやすく身近に理解してもらう必要性に気づかされた。

　その一方で、看護職の支援員が職場の医療機関で、緊急避妊薬を希望する患者さんに丁寧に聞き取りをしたところ性暴力被害者であることを「発見」し、SARAにつながるケースも少なくない。また、虐待のサバイバーであろうと思われる患者に対して、これまで対応の仕方がわからなかったが、カウンセリング的な対応により信頼関係を築けたと話してくれた看護職支援員もいた。トラウマを抱えた患者さんにWCKを紹介してくれる看護職支援員もいる。こういったトラウマへの気づきを支援員全体にさらに広げていきたいと思う。

③養成講座の効果

　SARAの連携の取り組みについては、2018年6月に開催された日本トラウマティックストレス学会（JSTSS）で「ジェンダーの視点での性暴力被害者支援を地域に広げる」という分科会を開催している。この分科会では指定討論者の小西聖子さんから、SARAの連携による支援について「フェミニストカウンセリングルームと警察や行政との連携はとても革新的な取り組みである」と評価していただいた。

　なぜ連携が可能になったのかを考えた時に、準備期間から粘り強くジェンダーの視点での性暴力被害者支援の必要性を訴えてきたこともあったと思うが、1日2〜3講座、12〜16日に及ぶ支援員養成講座を京都府の担当者がほとんど全回受講されたことも大きかったのではないかと考える。

　SARAの支援員養成講座では、「被害当事者の話を聞く」ということをなに

より重視し、サバイバーである小林美佳さん、大藪順子さん、玄野武人さんに毎回話していただいた。大学教員の伊藤公雄さんと中村正さんから男女共同参画の視点や男性加害者についての講義を受け、さらに「ジェンダーの視点に立つ」講義とグループワークを数回行うことにより、「ジェンダーの暴力としての性暴力」を理解し、共有することを目的としてきた。

フェミニストカウンセリングやジェンダーの視点について、おそらくほとんど知らなかったであろう行政職員の方が12日間の講座を受講する中で、「性暴力被害にあうことや支援するに当たって大切なことなどがわかるようになった」と感想を述べている。

6．おわりに

以上みてきたように、SARAは関係機関と連携しながらジェンダーの視点で性暴力被害者を支援する実践を積み重ねてきた。SARAの開設により可能になった支援・連携がある半面、連携をさらに実質的なものにするためには解決しなければならない問題もたくさんある。

一つには、連携機関への働きかけを広げることである。現在は関係機関のケース担当者だけとの限られた連携になっているが、もっと広く関係機関に働きかけることにより、性暴力被害者のトラウマ理解を促進し、より効果的な支援の実践を目指したいと思う。例えば医療機関を対象にした出前講座などを行うことにより、被害者が受診した際に、問題に気づき、悩みを傾聴し、SARAなどの相談機関の情報を提供、実際につないでもらえるのではないか。その講座ではＴＩＣの視点や幅広い支援の情報を提供し、支援機関との顔の見えるネットワークづくりができればとも考える。

さらには法制度の整備もある。ワンストップ支援センターの根拠法を制定することで、センターの役割や関係機関との連携などがルール化されれば連携がスムーズになるのではないか。また、刑法性犯罪が再改正され、暴行・脅迫要件の撤廃・緩和などが実現すれば、警察での対応も変わるだろう。婦人保護事業の見直しや女性自立支援法の制定などで性暴力被害者をはじめとするトラウマを抱えた女性に対する中長期的な支援が充実することや、18、19歳の若年女性が法の狭間で支援を受けられないという問題などの解決も望まれる。さらに児童福祉法や児童虐待防止法なども併せて総合的に支援策を考える必要がある。

すとうゆみこ（ウィメンズカウンセリング京都）

1 TIC（トラウマインフォームドケア）とは、トラウマの影響という認識に基づき、サービスを受ける者と提供するスタッフが心地よく参加できる環境や、サービスの確保を目的とする取り組みを指す。

2 ワンストップ支援センターは、性犯罪・性暴力被害者に、被害直後からの総合的な支援（中略）を可能な限り一か所で提供することにより、被害者の心身の負担を軽減し、その健康の回復を図るとともに、警察への届出の促進・被害の潜在化防止を目的とするものである（後述の内閣府発行、手引より）

3 開設当初は10時〜20時の10時間だったが2017年度から2時間延長された

4 婦人保護事業に関するこのような問題について、2018年7月より厚生労働省において「困難な問題を抱える女性への支援のあり方に関する検討会」が設置され、売防法の改正や「女性自立支援法」などの立法の方向性などについて議論されている。

2017年度日本フェミニストカウンセラー協会アプローチ研究会活動報告

はじめに

　日本フェミニストカウンセラー協会は、認定フェミニストカウンセラーで構成されている団体です。

　「アプローチ研究会」はフェミニストカウンセラー協会主催の研究会で、認定フェミニストカウンセリング・アドヴォケイターに参加を呼びかけ、フェミニストカウンセリングの理論化を目指すものです。

　共通のテーマを定め、各地域のグループに分かれ議論、研究を行い、毎年その成果を持ち寄るという形で進められています。

　2015年度、2016年度は「フェミニストカウンセリングにおける心理教育とは」というテーマで議論を重ねました。その報告は、フェミニストカウンセリング研究2017 vol.15に掲載されています。

　2015年度、2016年度の経験から、これまでの議論をより深め、共有できるものとするためには、言葉の定義を改めて明確にすることが必要だということとなり、2017年度はフェミニストカウンセリングで使われている言葉の定義とその言葉が指し示しているアプローチ方法について議論を行うこととなりました。改めて定義を考える言葉として、「エンパワーメント」「被害者化」「フェミニズム（ジェンダーの視点）」「外在化」の4つの言葉が選ばれました。

　以下に掲載されているのは、4つのキーワードの定義とアプローチについて、全国5チーム（北陸、東京、京都、大阪、神戸）で、それぞれの実践を踏まえて行われた議論の報告です。十分にまとまっていないものや議論半ばのものもありますが、現段階でのそれぞれのチームの到達点と言えます。結論を導き出すには至ってはおらず、あくまでも議論のプロセスに過ぎませんが、今後の研究の参考のため、現段階の記録を報告として残すこととしました。今回のテーマを今後どのような形で継続していくのか等については、まだ何も決まっていませんが、フェミニストカウンセリングの理論化に資する議論の発展につながることを期待したいと思います。

「エンパワメント」「被害者化」「外在化」「フェミニズム（ジェンダー）の視点」の定義とアプローチについて

芦野ちや子、荒谷静、今井恭、尾島照子、加藤佐紀子、
亀田紀子、川喜田好恵、川田由記子、小林涼子、
杉本志津佳、周藤由美子、戸瀬希久代、中西あい

　北陸チームでは、1回目（2018.1.8）は、11名参加のもと、今回のアプローチ研のテーマである「エンパワメント」「被害者化」「外在化」「フェミニズム（ジェンダー）の視点」についてブレーンストーミングで自由に話し合い、2回目（2018.4.29）はその話し合いをもとに、参加した10名それぞれが各テーマについてレポートを持ち寄って話し合った。以下、1，2回目を通して話し合ったことを各テーマに沿って報告する。

1、被害者化

　女性や暴力に対する社会通念やジェンダー規範によって、自分の被害の体験を自分にも落ち度があると認識してしまったり、あたかも自分が望んだことであるかのようにマインドコントロール状態に陥ったりすることがある。結果、自分が被害者であるということを受け入れにくくなり、自分の被害の深刻さと直面することが困難になったり、他に援助を求めたりすることが難しくなることがある。

　また、自分が意思に反して一方的な被害を受け、その結果として心身に大きな傷を受けたということを自他に対して認めることが、すでに大きなダメージを受けている当事者にとっては難しいこともある。場合によっては自尊感情がさらに傷ついたり、自己効力感が失われたりする恐れにつながり、重大な被害であるにもかかわらずその被害と直面することを避ける当事者もいる。

　「被害者化」は、「あなたは被害を受けた側である」「あなたはわるくない」ということを伝え、外在化し、エンパワメントするための作業。ジェンダー規範や暴力の実態、被害者心理・対処行動、トラウマ反応についての心理教育を伴うことも多い。

●具体的には・・・

自分に起こった（ている）さまざまな出来事や苦痛について、

①「自分は被害を受けた側である」ということを知り

②その被害事実に直面し

③同時に「その被害が自分のせいで起こったのではない」ことを理解し

④それらのことによって起こる（かもしれない）人間関係の問題や変化や

⑤自分の心身の反応などについても気づいて

⑥自分を責めることなく、必要な対応をする

●議論になったこと

・「自分が悪かった」や被害だと思えない人に、性暴力の定義や症状を説明することと、「悪くない」を話し合うことは必要である。

・「被害者（化）」という言葉は、「被害者である自分」が内在化されてしまう危険をはらんでいるのではないか？　「被害者」という名前を、カウンセラーがクライエントに「与えて」しまう危険性があるのではないか？

＊「被害者＝自分」と「被害を受けた自分」との違いを明確にするためにも、「被害が自分に起こったことを認める」を表す言葉が必要なのでは？

・「被害者化」には被害との直面（facing）と受容＝傷つき・ダメージを認める（accepting）があり、それが回復につながっていく。

・いわゆる「被害者の椅子」から降りない、他罰的、相手を責めるだけに留まっている状態は、上記のような被害との直面や受け入れることをしていない状態だといえるのではないか。自分の何が傷ついて、何を失ったかを認めること＝喪失や怒りを認めること、自分の力を使える状態にならないと回復につながらないように思う。

・被害者化することへの抵抗感を持つ人もいる。例えば、「悲劇のヒロインぶって」「被害者＝弱い」「弱いことは自己責任」「社会に責任を求めてはいけない」などという社会にある被害者バッシングを内在化している場合もある。DVなどでの高齢の被害者、長期に渡る被害を経験した人にとっては、被害者としての自分を認めにくいこともある。認めてしまったらすべてを失うという意味もある。そういう意味でも、なかなか被害者だと認めにくいクライエントに対してこそ、丁寧に話し合っていくことが必要である。

2、外在化

　フェミニストカウンセリング（以下、FC）では、カウンセリング場面で、「Personal is Political」ということを伝えていく。それぞれの女性が感じている生きづらさや問題が、当事者本人や周囲の人間が性差別社会を生きてきた（生きている）結果であり、それまで自分が内面化してきたジェンダー規範や拘束

によるものであることを理解してもらい、エンパワメントにつなげるために「外在化」という作業が有効。

　当事者の抱える問題や状況を別の視点から見直し、当事者になじみやすい言葉や表現などによって言語化することが大切。当事者を苦しめている症状や直面している課題、周囲の人々との関係性や生活状況、自己肯定感や問題解決能力などによって、外在化の内容や伝え方は違ってくるが、「何について外在化することが本人を楽にするのか」「どのような言葉がエンパワメントになるのか」「どのタイミングが効果的か」などは、それぞれのクライエントの状況に合わせて共同作業をする。

　できるだけ当事者の使う言葉や価値観を意識して行うと、当事者にとっても腑に落ちやすく効果的。カウンセリング時間以外の日常場面で当事者が意識しやすく、利用しやすい言葉・説明などを工夫することで、意識や行動の変化につながり、自分を責めることから解放され効果的なエンパワメントになる。

●具体的には…

自分を苦しめている症状や状況について

①名前を付けてみたり（⇒ラベリング）

　「強姦神話」「DV神話」「三歳児神話」「母性神話」「家族神話」…

②問題行動や症状「単位」でとらえ直したり（⇒自分自身との切り離し）

　「過剰責任行動」「モラルハラスメント」「母娘問題」「対処行動」

③言い換えてみることで問題の所在を明らかにしたり

　「私ばかりが○○させられて困る」→「この○○問題はどうする？」

④対処可能になるように分節化して言い換えたり（⇒再定義）

…するなど、内在化してしまっているものを「見える化」することによって、自分の中に起こっていることに気づき、自分を責めることから解放されて、自分の問題を「理解しやすく」「対処しやすく」するための作業。

●議論になったこと

・一般的にいう外在化は、「人」と「問題」を分けること。FCの外在化は、「人」と「問題」を分けることと、プラス脱構築・肯定的な解釈（性差別社会という構造の中に位置づける・性差別社会ををを生き延びている）ということを含んでいると思う。

・「当事者研究」に見る外在化の方法、スキルはわかりやすく参考になる。

・内在化した問題を対象化することで、自分が主体になれる、問題がわかりやすくなる、問題との距離が取りやすくなる。問題を抱えていくこともできる。それが外在化の効果だと思う。

・主体になることに関して、自己決定と自己責任は違うことをどう説明できるか。

3、エンパワメント

●本来の力を取り戻す、発揮する／選択権、決定権

・自分自身を解放していく過程。「力を持たないもの」という自己イメージを払拭し、新しい役割へと力を発揮していく過程。

・自分の人生に対して選択権、決定権を持ち、それらを行使していく力を取り戻す過程。

・自分自身が本来持っている力を取り戻し、気づきや、新たな視点や方法から問題解決に取り組む力（あなたには力がある）。自ら生活をコントロールし改善していく力。

・外的、内的抑圧で弱められた状態から、自分はこれでよい、自分は大丈夫と思える状態になること。

●FCならではの視点・関係性

・FCでは、クライエントを助けてあげるべき力のない存在であると捉えるのではなく、クライエントの力を信じ、なぜ本来持っている力を発揮できなくなっているのか、「"状況"の問題がある」という捉え方をする（＝フェミニズムの視点〈Personal is political〉、外在化）

・本来その女性が持っている様々な力が、女性に対する差別・偏見・暴力、女性に不利益をもたらす社会構造などにより、奪われたり、抑圧されたりしている。そのことに女性自身が気づき、自らの力を回復し、発揮できる状態になること。

・対人援助職（医療職／教職等）と、FCのエンパワメントでは視点が異なる。FCカウンセラーのかかわり（＝同じ女性としてシスターフッドなかかわりの中、クライエントのかかえる課題を、フェミニズムの視点で共感し連帯感をもって読み解くかかわり）の中で行われる。このかかわりの中で、クライエントが受け入れられた感覚や認められた感覚を得て、クライエント自らの内在する生きるエネルギー（力）を確認することができる。自らの内在する生きるエネルギーを確認できたクライエントは、クライエントが自己決定し行動することが、本来のあるべき権利だと腑に落ちる。

●カウンセリング場面で・・・

・共感、援助、信頼、知識、機会、権利意識、技法（スキル）などの肯定的パワーを体験し、自分自身が持っている力を取り戻すことができる。

・あなたのせいではない、あなたは悪くない、当たり前のこと（反応）、ジェンダーバイアスがあること、社会全体の理解を形成していくことなどを、機会をとらえ、繰り返し、十分に伝える。
・外的・内的資源（リソース）
　〜を見つける、特定する、発掘する／〜にアクセスする、〜につながる、〜を活用する／〜を育てる
・自分の状況を把握する
・体験が「経験」「ストーリー」になる。
・選択肢と選択と責任について考える。
　トラウマ体験は選択肢のない状態だからこそ、「開くドアはどこかにある」という選択肢をみつけることは大切。
　性暴力（DV、虐待…他）は被害者の選択（責任）ではないが、その後の人生、回復について選択する（責任を持つ）権利がある　…　主人公（主体）になる感覚
・自分の人生に「希望」を持つ
　どうにもできないことも多いが、全てがどうにもならないことはない。自分が良い影響（力）を与えることもある（有効な行動をとることもできる）
・問題自体が解決しなくてもエンパワーすることは可能。
●その他議論になったこと
・個人のエンパワメントを定義する。
・問題解決だけでなく、人生の中で生涯発達というか、成長していける、影響していけるものをもたらす。不可逆的な成長。
・トラウマからの回復とエンパワメントとの関係は？
　リカバリーだけじゃない／ボトムアップのカウンセリング／抱える人に育てる／エンパワメントが回復につながる／被害を扱う前に自分の環境をよくすることが先になる人もいる／トラウマを扱えるようになったら、トラウマ記憶が浮かび上がる。

4、フェミニズム（ジェンダー）の視点

●「Personal is political」、脱構築
・「あたりまえ」を疑う感性（脱構築）。
・大きな視点（社会的・政治的）で、「問題」をとらえること。権威と闘うために有効な視点。
・女性差別（男女平等感覚）に敏感な視点／男性中心の性差別社会において、

劣勢にある女性の立場からの視点／抑圧や暴力を受けやすい立場に起こりうる心理理論に基づいての視点。

・あなたが悪いのではない。あなた一人の問題ではない。

・現存する性的役割分業による「家父長制度」や「女らしさ」等、その結果として女性の心理的困難を、女性の問題ではなく男性中心社会である社会の問題であると理解する視点である。

・女性の抱える問題（DV/性被害/人間関係）を新たな視点で読み解く中で、事柄に名前を付けたり、問題が本当に問題なのか、また問題は女性がかかえる問題なのか等にも進展させて、当初の問題の位置づけを変える視点。

・個人的な経験を、より広い力関係によって影響されたものだと積極的に理解しようという姿勢。
例えば、DV、性暴力、虐待などの捉え方／母娘関係の捉え方／女性と自己尊重、文化や「空気」の影響。

・例えば、AC、毒親とFCでいう「母娘関係」は違う。
構造的な力関係の視点の有無／ジェンダー社会を生き延びている結果としての母への視点。

・一人の女性の中に、被害性もあり、加害性もある。それを読み解けるのはフェミニズムの視点。

●役割、枠組みから自由になる

・肩の力をぬいて、縛り（役割？）から自由になる、という考え方。解放されるための道しるべ。

・社会的な性別役割養成との葛藤（日常生活、就業、人間関係、妻役割、母親役割など）があり、生きにくさ、生きづらさになっている。

・従来の社会的枠組みから自由になるためのもの。

・〜すべきを見直す視点。わたしがわたしらしくしてよいことを応援する視点。

●シスターフッド

・シスターフッド、支援してあげるのではない対等な関係、共感、共通な体験

・カウンセラー－クライエント関係、カウンセラーの権力性に敏感に。

●議論になったこと〜昨年度全体会で提起された「フェミニズムはインクルーシブなもの」について

・女性はあらゆる差別の中にいる（人種・民族・出自・障がい・SOGI・・・等）。そのため、男女が共にかかわる差別の問題では、「男性」中心の視点になりがちで、女性が見えなくなる。・・・そのようなことからもフェミニズム、FCは女性に当面は焦点化する、女性にこだわる立場でよいのではないか。

・クライエントとして出会う一人一人の女性の中に、出自、民族、障害…などの問題がある。それはその人自身（のしんどさ）を構成するものとして包括的にある。「同じ女性」だけでは理解できないのではないか。
・第4世代フェミニズムでは、インターセクショナリティをキーワードにしている。
・確かに様々な活動の場面では言われないことも、フェミニズム運動に対しては、他の問題にも取り組んでないことが批判の対象になることが多い。それはフェミニズムの豊かさ、懐の深さと考えてもいいのでは？

　この2回の話し合いは、各テーマについてだけではなく、フェミニズムや今の社会をどう捉えるかということ、若い世代への伝え方…等、多岐にわたった。例えば、#Me TooなどSNSでの発信は誰かに要求するものではない。どこかに訴えかけて社会を変えるというのとはスタイルが変わってきているのかもしれない…ということや、「女子力」、働き方、自己責任化…など、「あなたが未熟、悪いんだ」と個人化のストーリーが男性よりも女性に当てはめられやすいが、背景にある差別の構造を説明しないとわかりにくい…等、シンプルな伝え方、わかりやすく発信することが求められていることも話し合えた。
　その流れで、「Personal is political」の「political」の意味、運動のスタイルや意識の変化についても、自由に話し合った。フェミニズムの何を伝えたいかもそれぞれの体験から出し合った。
　普段当たり前のように使っている言葉を改めて問い直し、FCとしてどんな意味で、どういう言葉を使うのか、共通認識をつくることは、FCの理論化にとって重要なことであると再認識した時間だった。

（文責：杉本志津佳・フェミニストカウンセリング堺）

日本フェミニストカウンセラー協会アプローチ研究会　東京チーム報告

「エンパワメント」「被害者化」「フェミニズム (ジェンダー) の視点」「外在化」の定義とアプローチについて

石田フミ、荻野茂子、小柳茂子、海渡捷了、桝座久子、
児玉榮子、近藤八津子、田口京子、藤平裕子、友杉明日香、
中村麗華、針生早苗、福田由紀子、松葉谷温子

1、フェミニズムについて

　東京チームでは、フェミニズムを、様々な「社会的弱者」をつくりだす家父長制社会において「1人ひとりが、自分を大切にできる、尊重される社会」、つまり個人としての人権が尊重される社会を目指し、そのなかでも特に女性の地位向上に関する思想と運動であると考えた。ここに至る過程における議論のポイントをいくつか紹介したい。

（1）日本女性の現状

　女性が社会構造をつくる権力中枢に進出している欧米諸国に比べ、日本の女性の現状は見えにくいと考えられる。そしてそのなかで女性が多様化してきていると言われている。家父長制社会における権力関係を読み解く際のツールとして、フェミニストカウンセリング（以下FC）はジェンダーの視点を用いている。一見、女性が多様化し、女性の選択肢が増えたように見える社会をジェンダーの視点を用いてみると、憲法や法律上はなくなっている家父長制度が、社会制度や個人の考え方には根強く残っている現状がみえてくる。

　例えば、働く女性が増加したが、女性が働く環境が整っていないため、保育所に子どもを預けられない女性、保育料が高くて仕事を辞める女性も多い。また祖父母世代の犠牲のもと、働いている女性も多いのが現状である。また家父長制社会では、女性の収入が「補助的収入」と位置付けられているため男女の賃金格差が発生したり、非正規雇用が多いという現状のなかで、経済力がないため離婚を選択できない女性も多い。これらを「多様な選択肢のなかから、あなたが選んだことなのだから」と自己責任とする社会的傾向が強いが、これらは男女不平等な社会の在り方に起因している。あたかも「多様性が尊重されている」かのような社会において、女性差別的な構造が見えにくくされ、構造上の問題を「自己責任」に帰されるという仕組みが強化されているのが現状だと

思われる。

　また経済構造が変化し、貧困層が増加している現状のなかで、女性差別がある故の女性の生きづらさを「大変なのは女性だけではない」と言われる傾向が強まり、さらに女性差別的な社会構造が見えにくくされているとも言えるだろう。

（２）社会変革と個人のエンパワメント

　フェミニズムは、「一億総中流」と言われた社会状況のなかで発展してきた。（１）で述べた女性差別的な社会構造が見えにくくなり、「自己責任」が蔓延し、貧困層が増加している社会状況のなかでも、フェミニズムは、女性が自分らしくある生き方を選択するために十分活用できるはずである。しかしながら、フェミニズムが浸透し、個人の意識改革が進んだとは言えない現状がある。その理由はいくつか考えられる。その１つとして、経済的困窮があげられる。例えば、パートを３つ、４つと掛け持ちし、どうにか生活しているという状況にある女性に「あなたの経済的な困窮の原因は女性差別的な社会構造だ」と言っても、彼女はそれを考える余力もない状態だろう。

　またジェンダーには、それに忠実であれば社会に適応しやすく生きやすいという側面もある。その意味において、フェミニズムやFCは、「今、困っているのは、女性であるため」という自覚がない女性には届かないともいえる。今後は、漠然とした生きづらさや息苦しさをどう拾っていくかが課題である。

　フェミニストやフェミニズムのイメージ戦略が必要になると思われる。社会体制に抗議して、男性と対等にやり合う「強い女性」が依然としてフェミニストのイメージであるが、そういう女性に魅力を感じる人は、ほんの一部であろう。ジェンダーに縛られないというのは、ジェンダー全てを否定したり放棄することではなく、自分を苦しめているジェンダーのあり方を特定し、手放すことである。フェミニズムは男性をおびやかすものではなく、男性を楽にするものでもあるという理解を浸透させることも必要だ。そして、ジェンダーに縛られないフェミニストの生き方が、かっこよく活き活きして「こうありたい」と思わせるモデルとなることが重要なことだと思われる。

　FCは、「社会変革＝運動」と「個人のエンパワメント＝カウンセリング」を両輪としている。フェミニズムを広げていくためには、運動が必要不可欠となる。フェミニストがロールモデルとなることや、アドヴォケイト活動、多職種

間の連携において「言葉」を共有する作業を通じFCの視点を広げていく「ひたひた作戦」など、様々な運動の形があり、それぞれが時代や社会情勢にあう「自分ができること」を模索し続けていくことが求められる。

（３）男性も「弱者」になるのか？
　東京チームでは、男性も弱者という位置づけとなりえるのか？という議論が行われた。しかしながら、この議論において、「男性」を明確に定義しなかったため、（ⅰ）男性＝家父長制度おける「男性」という存在、（ⅱ）生物学的に男性器を持つ存在、という２種類の男性が存在し、議論が混乱した。
　例えば、男性のDV被害者は、「男はこうあるべき」「男は女より強いはず」というジェンダーがあるために、被害をまわりに理解されにくく、DV被害の影響と思われる症状がより重くなることもある。また男性の性被害者も支援につながりにくい。成人男性と男児の組合せは社会から見とがめられることが少なく、成人男性からの性被害を受ける男児は少なくないが、異性愛社会の価値観の中で、男性から性的対象とされることによりセクシュアルアイデンティティが揺らいだり、からかいの対象となることを恐れて相談しにくい。また、「男らしく」強くあれと言われている自分が無力化されたことで女性（女児）とは違った自己尊重感の損なわれ方をし、成人してから加害者になるなど、暴力の連鎖に繋がりやすい。また性暴力加害者の男性が、女性に嫌悪感や不信感、敵意を抱いているのは、DV家庭に育つなどして、父親のミソジニーを継承していたり、母親からの虐待に起因することも多い。
　このような男性の暴力、性暴力被害に対しても、ジェンダーの視点で説明することが可能であり、その男性が置かれている関係性のなかでの権力関係を読み解き、１人ひとりを解放することがFCには可能だろう。そして、男性の性被害への支援や啓発は、女性への性暴力の予防としても有効である。
　また例えば、社会的枠組みでとらえると、新潟の水俣病のように、女性差別以外の差別が存在し、そこに「強者―弱者」が存在する。その弱者には男性が含まれている。しかしながら、先述したようにジェンダーに縛られている男性は、自身を「弱者だ」と思いにくいと考えられる。そのような構造のなかで、障害者差別、DV、虐待（児童・高齢者）などが起きている。さらにその地域全体への偏見の眼差しがある。このような重層的な社会的差別を読み解くことにもジェンダーの視点は有効である。

2、FCにおけるエンパワメントについて

　東京チームでは、2016年度富山チームの「エンパワメント」に付け加える形で議論した。そして、エンパワメントを「様々な社会的抑圧により縮小した状態になってしまっているその人本来の力に気付くこと」と定義した。またFCは、ジェンダーの視点を用い、社会的な抑圧を外していくことを、そのカウンセリング目標にしていると考えた。東京チームの議論におけるいくつかのポイントを以下に報告する。

（1）個々のカウンセリングセッションにおけるエンパワメントの留意点
　ジェンダーは社会的、文化的性差であり、本来善悪の判断を含んでいない、故に「ジェンダー＝悪いものだから全否定」として取り扱うのではなく、クライエント（以下、CL）に固有である「ジェンダーの縛り＝CLにとっての社会的な抑圧」に気付き、それを外していくことをサポートすることが重要である。それまでは、CLは無自覚に全てのジェンダーに縛られていたが、FCの過程において自身を縛っているジェンダーを捨てていくことは、自覚的に取捨選択することになり、CLが自身の在り方を選び取っていく過程となる。フェミニストカウンセラー（以下、CO）は、ジェンダーに関する心理教育を行うなど、CLが自身の在り方を自己決定することをサポートしていくことが求められる。
　またCOは、CLが持っているリソースに気付くことをサポートすることも重要になる。例えば、親からの虐待を生き延びてきたCLが「自分は何も持ってない、できない」という自己イメージを持っているときに、CLが虐待状況において生き延びるために行ってきたサバイバルスキルをCOと探し出すことは、CLは自身が持つ「生き延びる技」に気付くことになる。そして、そのようなリソースを持つ自分に対するイメージも変化していくことになる。また何度も暴力被害を受け「誰も助けてくれない」と感じてきたCLは、他者に相談することが困難な場合がある。そのようなCLに対して「どのように、誰に」相談するかをカウンセリング（以下Co）過程で話し合い、CLの実践をサポートすることは、CLが「理解者・協力者を増やす」ことにつながると同時に必要な時に適切な援助を得られる「ソーシャルスキル」の向上につながっていく。このように、CLのリソースを増やしていくことをサポートすることも、COの重要な役割と言える。
　FCでは、カウンセリング全体の目標が「CLのエンパワメント」になるが、毎回のCoにおいて、CLの「できたこと」「できること」を意識的に伝えていくことも大切である。そのことを通じ、COは「このCLには、このような力があ

るんだ」という発見することになり、COのCLへの信頼感が増幅し、CLとCOの対等な関係性構築に貢献する。

（２）ネットワークのなかにおけるエンパワメント

　FCで出会うCLのなかには、カウンセリングのみでサポートするのではなく、他機関、多職種のサポートが必要となる人も多い。例えば、育つ過程において虐待被害を受け、結婚したらDV被害を受け、子育てをどのようにしたらいいのかがわからなCLに対しては、COだけではなく、子育て支援やCLの状態によっては児童相談所や保健福祉、医療なの支援ネットワークが連携する必要がある。このように、他機関、多職種が関わる場合、専門分野における見立てや着眼点が異なっており、「CLのエンパワメントが目標」であることを共有できるとは限らない。したがって、支援ネットワークでCLをサポートする場合には、ジェンダーの視点を踏まえてFCが考える「CLのエンパワメント」について言語化し、その意味、意義を伝えて、目標にむかうためのそれぞれの関わり方や役割分担をネットワークで共有し、協力し合えることが重要である。

（３）グループにおけるエンパワメント

　自助グループやCOが関わる形のグループワークのなかで、参加者が「自分の話を他のメンバーが受け止めてくれた」ことや「自分の存在が、他のメンバーの孤立感を軽減する」と実感する体験は、その人のエンパワメントになる。またグループワークにおいて、グループルールをCOが一方的に押し付けるのではなく、COが提示した後にグループ全体で話し合うなど、グループを尊重することが大切になる。このようなグループワークの例として、富山「高齢女性の『人生を語ろう』グループ」、長岡「DV被害にあった母親と子どもたちのための同時並行心理教育グループ」、秋田「びーらぶ」があがった。

3、FCにおける外在化

　東京チームでは、外在化を「問題はCL個人のなかにあるのではなく、外側（例えば、DV、母娘関係など）にあるととらえ、CLが、自分が置かれている権力構造に気付くこと」と定義した。家父長制社会の中では、自分に起きていること/起きたことに気付きにくい社会システムがあるため、外在化することを通じCLが置かれている権力構造を、CLとCOが共有することが、Co過程では重要になる。

　例えば、DV加害者である夫から責められ、「夫婦関係がうまくいかないのは

自分が至らないからだ」と思っているCLとのCoにおいて、CLが置かれている状況をDVと名付け、DVがどのように影響してきたか、DV状況のなかをどのように生き延びてきたか等を話し合うことを通じ、CLが、自分が置かれている権力構造（支配―被支配関係）に気付くことを外在化の過程と考える。

　また、恋人に「キスしている写真を撮ろう」と言われ、リベンジポルノ被害が脳裏をよぎり、どう対応したらいいのかがわからない自分を「優柔不断だ」と責めているCLに対し、リベンジポルノ被害が起きている社会的現実と、別れることを前提に対応することを恋人にどう思われるかという心配というダブルバインド状況だと名づけ、女性差別的な社会の現実をCLと共有し、そのなかでCLがどのように生き延びてきたか、どのように生き延びていくかを話し合う過程も、FCにおける外在化の過程といえるだろう。

　FCのCo過程は、家父長制社会のなかでジェンダーに縛られて生きづらさを感じる女性たちが、自分が置かれている社会の権力構造（家父長制社会）に気付き、「自分らしくある」生き方を自己決定する過程でもある。そのCo過程は、CLに起こる様々な事象を外在化することを通じ、CLが家父長制社会の価値観を基に築いてきたドミナントストーリーから、「家父長制社会のなかを生き延びてきた私」というオルタナティブストーリー構築していく過程であるということもできるだろう。

4、FCにおける被害者化

　東京チームでは、被害者化を、CLが暴力や搾取・支配、ときに犯罪行為などによって「被害を受けている」ことを、CLとCOが共有していく過程だと定義した。それは、CLが抱えている問題の背景に、外部からの加害行為があり、その結果として心理的な困難さがあることをCLとCOが共有していく過程となる。この過程においては、家父長制社会で「弱者」に位置づけられる「女性」というジェンダーを共に生きているCO（または支援者）が、「地続き感」を持ちつつ、CLの話を聞くことが重要になる。東京チームの議論のポイントをいくつか、報告したい。

（1）被害者化の目的、意義

　家父長制社会では、自分が被害を受けている/受けていたと気付きにくい社会システムがある。そのため、被害者化を通じ、CLが「被害を受けた」ということを明確にしていくことは、CLが自分に起きたことを理解し、被害にどのように対処するかを決定し、被害体験を受容することにつながり、CLのエ

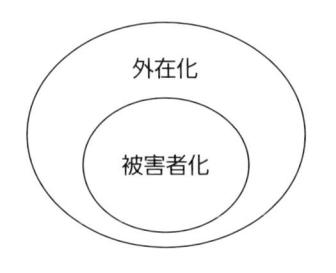

ンパワメントに必要となる。

被害者化を行う際には、外在化を用いる。例えばDVでは、暴力をふるうる側が、暴力を正当化することが多い。DV加害者である夫から「お前が悪いからだ」と非難・中傷された妻は、暴力は「自分の気の利かなさ」「家事がうまくこなせない」からと思いこまされやすい。

このような場合、問題とするべきは、暴力をふるわれているCLの性格や人格ではなく、夫の暴力や支配であることを明確にし、「加害行為（暴力）」をしているのは夫であり、CLは「被害者」であると共有していく。その過程では、DVという現状を共有し、できるだけCLが安全を図れるよう話しあう。またCLが「被害」を受けていることを明確にすることにより、CLの自責感が軽減し、CLが必要とするサポートを受けやすくなると考えられる。

またDV加害者は、被害者をマインドコントロールしている。そのため被害者化は、マインドコントロールを解くという側面ももつ。COが「あなたは悪くない」「あなたの感じることはおかしくない（間違っていない）」と伝えることは、「私はあなたの側に立ってサポートする」というCOの意思表明にもつながる。そして「ここで私は（加害者がしてきたように）あなたを非難したりしない」というメッセージを伝えることにもなり、CLが安全感・安心感を持つなかで、自分が置かれている現状や今後どうしていくかを、CL自身のペースで考えていくことを促進することにつながる。

また、性暴力やセクハラ被害当事者女性（以下、性暴力被害者、セクハラ被害者）は、「女性にもすきがあった。落ち度があったのではないか」「本気になれば防げるはず」などの強姦神話や社会通念を内面化していることがあり、自分に何らかの非があったと苦しみ、屈辱感や恥意識とあいまって相談することを躊躇することが多い。さらに近親者、知人からの性暴力被害などは、罪悪感や自責感をつよめる。そのような場合、COが、性暴力・搾取は、行う側に非（責任）があり、CLは「被害者である」と明確にすることは、CLは加害者に対して怒っても、抗議してもよいこと、人権侵害に対して被害の賠償を求めて法的措置をとることもできることなど、CLに選択肢を提示することにもつながる。

強姦神話は社会的に根強いため、CLは、1回のCoで「私は被害を受けたんだ」と思っても、次回のCoでは「私も悪かった」と話すことがある。「性暴力」という言葉自体に、「暴力＝脅し、身体的暴力」というイメージがあるため、「自分は脅されていない」「殴られたわけじゃない」と思う人もいる。このような場

合には、COが「このCLは、自分を被害者と考えることに抵抗している」とCLを責めるのではなく、CLが「自分にも非があった」と考える理由を共に探るなど、CLのペースで被害者化をすすめることが大切である。そのためには、COが被害者化には時間がかかることを理解し、揺るがないことが重要となる。

（2）「被害者化」に伴う注意点

　「被害者化」とは、単に「あなたは被害者である」とそのまま文字通りに伝えることではない。理不尽な状況下において、暴力・搾取、人権侵害を受けていると伝え、CLが自分に起きていることを理解し、被害への対処を決めることをサポートすることが目的である。そのため、CLが受け取りやすい言葉、理解しやすい表現を使うことが大切である。「被害者」という言葉には、弱者・敗者（気の毒な者）のような負のイメージやメッセージも含まれてしまう。CLがどのように受け取るかを配慮して、臨機応変に表現の仕方を変えて伝えることが大切になる。

　CLが、自分を責めることで問題を直視することを避けていたり、被害を受けていると認めたくなかったり、事実を否認している場合など、自分が被害者であることを、なかなか受け入れられないこともある。そのような場合に、CLが「被害者と受け入れられない私が悪い」と思わないよう十分に配慮する必要がある。

　また、人間は理不尽な出来事を、「自分にも責任ある」と考える方が楽だという側面も持っている。自分にも責任があると考えると、自分が変化させられたかもしれないという自己効力感を手放さなくて済む。天災さえも「バチが当たった」と考えたがるのは、そのためである。悪いことをしていない自分が理不尽な暴力に遭うというのは、世界への信頼を揺るがせる。そのため、CLはこれまで信じてきた「勧善懲悪の世界観」を維持したいという気持ちを抱くこともある。被害者化の過程において、COは、CLの状態や状況を把握しながら、被害者化が一方的な説得や押しつけにならないよう細心の注意を払い、人間関係におけるパワーの構造や暴力が心身に及ぼす影響など、心理教育を交えて伝える工夫なども重要になる。

　そして、「被害者化」をおこなう上で、COが忘れてはならないのは、「被害者」を固定化したものとして捉え、あたかもCLのアイデンティティと見なしたり、「被害者＝CL」という先入観を抱き、CLの自己探索を妨げないことである。「被害者化」は、人権侵害や暴力の被害者が、権力者や男性中心の多数派のストーリーから離れて、自分の人生に起きたことを見つめなおし、理解することで、

自分自身の尊厳や主体性を得ていくことを目指している。被害からの回復に伴い、個人の尊厳や力を取り戻していく過程では、「どうにもならない事態」における「被害者としての自分」から、自分で様々な出来事に関与し働きかけることができる「主体者としての自分」に変化していく。CLが、「自分は一方的に抑圧、差別され、自由・尊厳を奪われる存在ではない。自ら関与し、選択肢、自己決定の力を持っている。他者に働きかけその責任をとる権利を持っている」との意識をもてることが大切である。

　CLが被害にあったことは、事実であるが、全てではない。それは人生の一部であり、その体験を今後の人生の中にどう織り込んでいくのかが重要なのである。「被害者」という枠にとらわれずに、自己を探索し新たな人生の意味を構築していくCLのプロセスを尊重していくことが必要である。

（3）その他
　(i)ハラスメント相談や裁判支援の場で
　社会全体の差別構造やFCの視点では、さまざまな抑圧や規制などの「被害」を受けていると考える被害体験が、ハラスメント相談の申請基準（あるいは法的な処分）に該当しないことがある。

　ハラスメント相談で、被害を訴えて来所した相談者に対して、FCの視点で、社会的な背景を含め被害性を感じたとしても、ハラスメント相談において被害届が受理されサポートが開始される可能性が低い場合、安易に「あなたは被害者である」と伝えることは誤解を生み、CLに期待を持たせてしまうことになり、かえってCLを傷つける場合がある。CLの思いをくみ取り、「あなたは悪くない」と伝える一方で、現実的な対応が伴わない事実や、要望に応えられないことに関する思いを伝えることも重要である。

【事例から】
　女子大生。大学の短期留学先で一緒に参加した男子学生から性被害を受けたと来所。初回の相談において、「強引な誘いを繰り返されて、断れなかった」と訴えるCLに、相談員は、被害体験の詳細を聞かず、「あなたは悪くない」と伝え、CLを支持した。しかし2回目以降に、CLの被害体験の詳細を聞くと、男子学生の強引な接近はあったが、そのつどCLは合意と受け取られる可能性がかなり高い言動をしており、申し立ての受理は難しかった。CLは、1回目の相談の際に、相談員に「あなたは被害者だ」と言われ、申し立ての手続きを進めようと考えていたため、受理が難しいとわかり、戸惑いを隠せなかった。

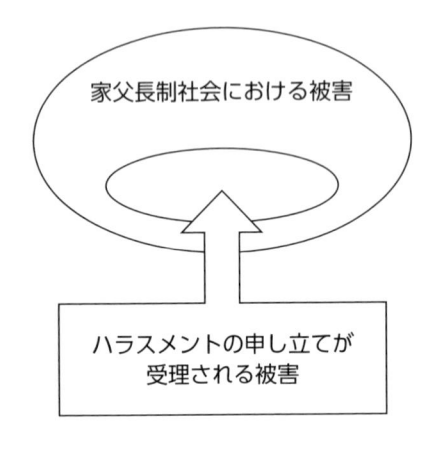

家父長制社会における被害

ハラスメントの申し立てが受理される被害

FCは、CLの被害が「被害」として ハラスメント事案になることや、裁判などで「被害」と認定されることを、目標としてはない。例えば、これまで「ノー」と言い、それを受け入れられる経験をしてこなかった女性は、「ノー」ということを考えもしないことがある。また「ノー」と言うことが難しい関係性のなかで被害を受けることもある。上記の事例のように、「強引な誘いに対して、合意と受け取られる言動」をしていたとしても、CLは精一杯の「不同意」を表現していることも多い。そのようなCLの「不同意」や明確な「ノー」が表現されていない背景にある関係性については、ハラスメントの申し立てや裁判ではくみ取られないことがある。しかしながら、それはCLが被害を受けていないということではない。FCは、被害者化を通じ、「ノー」と明確に言葉を発せない状況があったことを共有していく。しかし、同時に、家父長制社会のなかで、CLの被害体験が「被害」として認識されるかどうかということも意識し、CLと話し合うことが必要となる。また、家父長制社会において、「被害」と認知される被害体験が、女性たちが体験する被害の「一部」でしかないことを知っているFCだからこそ「自分の被害が、社会的に被害として認められないのは、自分に非があったからだ」と考えてしまうかもしれないCLに対して、「あなたは悪くない。社会がおかしい」というメッセージを伝え、彼女の怒りや悲しみに共感し、サポートしていくことができると考える。

（ⅱ）加害者における「被害者化」の必要性

　暴力・性暴力加害者（以下、加害者）が、過去に性暴力・暴力被害を受けている場合に、自分が過去に受けた被害を「理不尽な暴力による被害である」と受け止められていないと、自分の加害行為の意味がわからないという側面がある。例えば、DVの加害者は、「自分は被害者だ。不当な目にあい、害を加えられた。だから怒りをもってよい、反論（反撃）してもよい」と訴えることが多いが、FCがいう「被害者化」とは、そのような責任転嫁を認めるものではない。加害者が、自分の被害者としての記憶・経験・事実と向き合い認識することにより、自らの加害行為についても向き合い、自覚し、責任を負うことをサポー

トする。

　例えば、性暴力被害を受けた人が風俗で働いたり、薬物を使用したりすることがある。その人が捕まれば「犯罪者」として扱われることになる。他にも、様々な「事件」を起こし逮捕され、刑務所に入ることになった人のなかには、過去の性暴力、暴力被害を背景に持つ人がいる。その人たちが刑務所から出ると「前科者」として孤立することもある。このことは、社会が、その人の事件化された行為が、その人の「自己責任」だと認知していることが1つの要因だろう。しかしながら、彼、彼女たちは、被害を受けた後に必要なサポートを受けることができていれば、事件化した行為には至らなかったかもしれない。つまり、彼、彼女たちの「自己責任」と言い切ることは、彼、彼女たちの被害体験を「無いものとした」社会に加担することになる。また、彼、彼女たちの被害者化は、自分のした加害行為の責任を負って生きていくことを支えることにもつながる。

　被害者化が必要であるのは、「犯罪」として扱われる加害行為のみではない。例えば、DV被害者である女性が子どもを虐待することも同じである。被害者としての自分が「悪くない」と十分に受け止められないと、自分の加害を正当化する。被害者の自分にも問題があったと自分を責める気持ちがあると、自分が作りだした被害者の落ち度を問う。

　理不尽な暴力があるということを理解し受け入れるのは、自分と相手の責任の境界を明確にするということであり、自己尊重感を高める。自己尊重感が高まらないと、理不尽な暴力に対して怒ることができない。

「エンパワメント」「被害者化」「外在化」の3つのキーワードについて

井上摩耶子、今西康子、大島善江、岡田啓子、楠神小夜子、塩見美千子、清野初美、竹之下雅代、冨永明子、西山節子、宮城島眞理、安本理子

　京都チームではケースを提出し、事例検討ではなく、そのケースのアプローチの仕方について話し合うことによって、今年度のテーマに取り組んだ。以下、6ケースにわたり「被害者化」「外在化」「エンパワメント」についての定義とそのアプローチを実践的に深め、さらに若い世代への相談対応についても検討したことを報告する。

I 「被害者化」にまつわるアプローチ

1. ≪15年以上前の性暴力被害に悩む女性≫

　「被害者化」とは、自分の身に起こった受け入れがたい性暴力などの被害を自身で受け止めることである。しかし社会が被害者に「被害者化」を許さないという現実もある。15年以上が経過して、社会が変化したこと（法改正などの社会の動きもあり）や自身がやっと被害に向き合う気持ちになり、被害届を出そうとしても、時効の壁や現実にそぐわない法律の現状（被害の日時を特定しなければ警察での受理が難しい等）があった。

　カウンセリングでは、被害以降、その事件に向き合うことを回避（解離）していたことや、被害のトラウマ記憶を語ることによって想起し、その意味を考える作業が必要だった。「時が来た」という共有をした。自分の身に起きたことが受け入れがたいからこそ起こる傷つきがトラウマであり、その事実をすぐに受け止めて、自分が被害者だと認めることが難しいのは自然なことである。「被害者化」は弱者になることではなく、自分は社会的に理不尽な被害にあったのだと認識し、エンパワメントにつなげることである。「被害者化」には、「無力で惨めな存在」とは逆の「受ける必要のない性暴力被害を受けながらも生きぬいてきた存在なのだ」というCLの覚醒が伴う。

　「被害者化」を果たしても、法律の壁・世間の規範（強姦神話など）に直面する。フェミニストカウンセリングはまず「被害者」としての位置づけを行うなかで、「加害者の行為に傷ついた」ことを明確にして、サバイバルストーリー

をＣＬ・ＣＯ両者で作っていきたい。また、現在の社会制度の不備を変革していくことも重要となる。

2.《幼少期から精神的虐待を受け、夫による子どもの連れ去りや離婚に悩む女性》
　親の反対を押し切って自ら選んだ相手から暴力を受けたことにより、孤立無援状態におかれている。さらにＣＬは親からの虐待を生き抜くために手にした生き延び策としての自我境界の薄さ、感情の希薄さ等を持っており、夫からの暴力と愛情が裏腹に混在する関係性のなかで混乱がおき、コントロールされてしまうために「被害者化」が難しかった。
　ＣＬの生き抜いてきた芯の強さを認め、協力者とのつながりを太くしていくことと同時に、ＣＬの精神的な障害と思われる部分についても配慮しながら支援者として関わり、長い道筋で被害者化していくことが必要ではないか。

3.《夫のモラハラの責任は自分にあると悩む女性》
　家庭を維持できないのは「自分のせいだ」と思い、いろいろな相談窓口で「ＤＶではない」と言ってほしいと考えていた。しかし、夫からの攻撃メールがくると自責感が強くなり、不安が高まり混乱したり、体調を崩したりした。
　自分が被害者であるということを認めると、生きていけない。信頼していた人を加害者にすることができない。また、被害者であると認めると次の行動を起こさなければならない。夫・両親等とまだ一緒に住んでいる被害者の場合には特に事実を認めるのがつらく、強烈な自責感がおきることが多く、「被害者化」が難しい。
　カウンセリングでは、頭では夫は悪くないと考えながら、身体も心も夫からのモラハラによって傷ついているという矛盾点を明らかにすることによって、「夫との関係はＤＶであること、自分は被害者かもしれない」という意識が少しずつ芽生え、ＣＬの気づきにつながった。

Ⅱ 「外在化」にまつわるアプローチ

4.《発達障害を持つ子ども・夫を抱えて育児不安に陥っている女性》
　「外在化」とは問題の原因を自分にあるとするのでなく、自分以外のものにあるとすることによって、視点を変えてアプローチしていくことである。その際、「例外的な出来事」（ナラティヴアプローチの用語）をＣＯとＣＬが共有しておくことが大切になる。
　子どもが発達障害と診断され、他の子どもと比べて明らかに目立つ行動をしてしまう我が子を何とかしようとすればするほどイライラして虐待しそうにな

る女性は、さらに近所の人からの冷たい視線を受けることによって「母親失格だ」と自分を責めていた。夫もアスペルガー傾向があり、育児には協力的だが安心して子どもを任せることができないので一人で抱え込んでいた。しかし子どもが近所に民泊していた外国人に習いたての英語で積極的に話しかけたり、大好きな楽器の演奏を聴いている時には動き回らなかったとか、偶然出会ったお年寄りとも物おじせずにおしゃべりできたという新しい発見（例外的な出来事）があり、視点が変化した。

さらに療育での先輩家族の支えもあって、「発達障害」と子どもの全体像とを分けて考えられるようになり、自分を責めることが少なくなった。夫にも怒りを爆発させるだけではなく、「発達障害」という特徴を持った子どもの現在の課題と将来について話し合えることができるようになっている。

Ⅲ　「エンパワメント」にまつわるアプローチ

5．≪DV夫と面前DV被害を受けた娘からの二重の暴力に悩まされている女性≫

エンパワメントとは、ＣＬにもともと備わっていた力を取り戻すことである。ＣＬに力がなかった訳ではないことを伝え、苦しい中を生き延びてきたことに対して尊敬的な態度をとり、労いの言葉をかけた。また、ＣＬには違和感を感じる力のあることや、カウンセリングを求めて自らを変えようと努力していることなどを受け止めた。

さらに肯定的感情（楽しい・ほっとした・嬉しい）を再び感じる体験が、自分を取り戻すためには有用であることを感覚的に理解してもらった。この時に今まで感じなかった負の感情も噴出し、辛い思いを感じることがあるが、それは感じる力がもどってきたことであり、感じても混乱しないと思える自我の力が育っていることの証拠、つまり回復のプロセスであると心理教育し、ポジティブに受け止められるようにした。

トラウマを抱えた人の場合、言葉によるカウンセリングだけでなく、身体を使った回復プログラム、感覚的に回復に向かうグループトレーニング等と組み合わせることによって、より深く心理的な気づきが得られることも分かってきた。

Ⅳ　若い世代への相談対応をめぐって

6．≪幼少期よりネグレクトを受けてきた10代女性≫

思春期・青年期のＣＬはＳＮＳで育っているためか短い言葉で伝えようとする傾向がある。さらに女性の発達障害は発見されにくいため、コミュニケーショ

ンがうまくできず、仲間外れになってしまうことも多く、ＣＯとのラポールも難しい場合がある。ＣＯは分からないところは丁寧にあきらめないで質問し、聴いていきたい。

　非正規雇用率が高くなって、先が見えない不安や同調圧力による焦りが出やすい世代である。引きこもりも長年にわたることも多い。一方で団塊世代と団塊ジュニア世代の仲良し親子も目立っており、密着した関係のため子どもの自立が困難になっているケースもある。学校や社会での徹底した管理（厳しい校則など）によって、「自己責任論」を押し付けられている若者も多い。このような時代の流れの中で、若い世代が生きにくさを抱えていることが想像される。

日本フェミニストカウンセラー協会アプローチ研究会　大阪チーム報告

「エンパワメント」「被害者化アプローチの方法」「フェミニズムの視点（ジェンダーの視点)」「外在化」の定義を検討する

小田切由里、加藤伊都子、川崎久美子、川澄康子、木村由実、具ゆり、久保恭子、古賀由美A、河野和代、椹木京子、中川和子、中村菜穂子A、丹羽麻子、深浦淳美A、三澤千恵子、横山由佳子

Ⅰ　課題について、理解の共有

1、フェミニストカウンセリングとして、「言葉の使い方」に曖昧さがある。共通理解が出来るように、4つのキーワードについて、定義を検討する。

「エンパワメント」

「被害者化　アプローチの方法」

「フェミニズムの視点（ジェンダーの視点)」

「外在化」

Ⅱ　4つのキーワードについて

メンバーでブレーンストーミングをした。出た意見を次に列挙する。

1、フェミニズムの視点（ジェンダーの視点）

- ・これが肝の部分　土台、普通のカウンセリングとは違い、軸になるもの。
- ・最初の紹介面接でフェミニズムの視点で、生き方の支援　生き方の見直しをするところ、女性としての生き方を考えていくところと言っている。女性としての生き方を考えるところ　その人にとってのフェミニズム。フェミニズムの視点とは、女性の生き方支援　生き方支援につながるのではないか。
- ・歴史認識のようなもの。運動　自らが動き社会を変えていく、今、目の前の人と歴史を変える。その人の歴史を変えることでもある。女性が闘ってきた事を抜きにして、フェミニズムは語れないが、その人に闘えと言うものでない。
- ・男社会の歪がもたらす抑圧からの解放は、社会を変えていく運動的なものと、個人の中にある抑圧からの解放の2つの視点がある。
- ・私達は歴史の中の経過地点にいる。作られてきた歴史の経過途中。流れていくもの。

理解したカウンセリング。

- 歴史を知らずして、フェミニズムを語れない。女性がつながっている。歴史を知ることは大事。

　自分の痛みを開示して、繋がる　過去の時間からつながるシスターフッド。私たちは二級市民と言われてきた。そして今も苦しい。

- カウンセリングは個人を対象にしているけれど、過去の社会からつながっていることなんだと、実際に言うのではないけど、あなたの問題は社会の問題、政治的な問題なんだと繋がっている。

　二級市民であると実感した。歴史の中を生きている。あなたも私もそういう風に抑圧されてきた、差別されてきた歴史の中を生きている。同性としてのシスターフッド。

　女権拡張論なの？？　闘ってくれた人がある。まだまだ最中　性差別をしてきた人への闘い。

　フェミニズムを広げていく。フェミニズムの視点は人権。あなたの権利。当事者性。

- 人権は男性にもある。対象は女性。男性にもフェミニズムの視点を持ってもらいたい。二項対立することが行き詰まる。

　フェミニズムはみんなのものだけれど、フェミニストカウンセリングは女性を対象。

- こちら側がきちんとフェミニズムの視点に立つ。

　フェミニストカウンセリングは第二波から第三波に繋がっている。今は第四世代のフェミニズム　近代の個人主義や近代は良きものとしてきたものへの反発。こだわらない。何ももたない。フェミニストカウンセリングにも第四波がいるかも。

- フェミニストのイメージ　女権拡張論者と訳がつくように怖い人　第三世代までの闘う人という誤解を解きたい。人々の平等、男女関係なく。格差を戻すことや、「均す」から、「平等が当たりまえ」にする。

- スーパービジョンで相談員が変る　そのことで社会も変える。

- 第四世代のフェミニズムの視点を入れるべきではないか。現場ではまだまだ第三世代の格差に苦しんでいる。現場に合わせていく柔軟さがいる。個人のエンパワメントを通して社会を変えていく視点がいる。

　格差のある社会構造を背景にして、パーソナルイズポリティカル。

- 女性である当事者性がある。

- 家族を掘り下げるのではなく、男性中心の社会や歴史から来ているもの。

私だけじゃなく母も姉も祖母も・・・同じように苦しんでいる。

2、エンパワメント

・あるサイトのベストアンサーにあった定義：エンパワメント（empower ment、エンパワーメントとも）とは力をつけることではない。それは人と人との関係の有り方だ。人と人との生き生きとした出会いの持ち方なのである。お互いの内在化する力にどう働きかけるかということである。お互いがそれぞれ内に、持つ力をいかに発揮させるかという関係性なのである。エンパワメントの思想は、人間はみな、生まれながらに、みずみずしい個性、感性、生命力、能力、美しさを持っていると信じる。エンパワメントとは、私たち一人ひとりが、だれもが潜在的にもっているパワーや個性を再び、イキイキと生き吹かせることである。全ての人がもつそれぞれの、内的な資源、リソースにアクセスすることである。自立しろとか、頑張りなさいとかと　元気づけるのではなく、あるがままに受容し、内在する資源に働きかけることがエンパワメントである。エンパワメントとは、まずもって、一人ひとりが自分の大切さ、かけがえのなさを信じる自己尊重から始まる。エンパワメントとは自分で選択をしていかなければならないことだ。自分のとった選択の結果は、自分で引き受け、そこからまた更なる選択をしていくことである。

　アメリカやイギリスで発展したものだが、社会福祉的なものとして使われている。

・抑圧しているものが、女性差別であったりで、そこからの解放。

・最終的にエンパワメントするけど、いきなりできないので被害者化をしたり、心理教育をしたり、社会構築主義の概念からアプローチしていく。プロセス。そう簡単にエンパワメントできるものでない。時間がかかる。

・フェミニストカウンセリングが定義するエンパワメントには、社会構造とか、ジェンダーの抑圧、被害者化とかフェミニストカウンセリングが使う言葉をつかう必要がある。

・今回の4つを並列なものでない。遠近や重なりがあったりする。こういうものの中にこういうものがあるように、フェミニストカウンセリング流のアプローチがある。

・エンパワメントは2種類ある。被害を受けたものがそうでない感覚になる。もう一つは社会全体にある。

　傷ついたものをゼロにも戻すと、社会全体をも　悼むものから、段階がある、姿勢が変るアプローチ。何段階もある。当事者語りが他の人にも

つながる。広がっていく感じ。関係性なのかもしれない。グループの効果もそれに匹敵するかも。一人の語りが、他の人へも影響する。

・「あなたは悪くない」も、エンパワメント。社会構築主義観点もあるよね。

・エンパワメントにも段階がある。エンパワメント的。フェミニズムの視点が弱いので、カウンセリングするなかで力をつけてくる。

・行動化したことや言語化したことだけでなく、カウンセラーの関わりが全てエンパワメントになるのではないか。

・相手を傷つけるような関わりはよくない。

・関わりの視点として、エンパワメントがいる。カウンセラーの視点にジェンダーの視点、フェミニズムの視点がいる。ジェンダーの視点がないとエンパワメントの方向は違うものになる。

・歴史的認識をカウンセラーが持っている。

・カウンセラーはきっかけをつくるに過ぎない。本人が生活の中で実感しながら、やってみながら、体感していくなかで、気付いていくもの。自分を信じていけるもの。私たちがしてあげるというのでなく、本人が自分で気づくもの。そのためにカウンセラーとの信頼関係がいる。おごることなく。たかが一か月に1時間のことだから洗練されたものがいる。

・対等な関係。シスターフッドの関係。女性としての当事者。地続き感。

・本人自身の言葉で気づく。

・エンパワメントを定義づけるときに、主体、主語を誰にするかが重要なことだと思う。

・エンパワメントは関係性だというのは、新しい感覚かも。一人ではエンパワメントしない。

・自分の力でエンパワメントできるようにする。回復に付き合う。カウンセラーがクライエントを信じられるかが大事。クライエントには自分でなんとかしようと思う意志がある。だからカウンセリングに来ている。なんとかしょうとする意志。自分がちゃんと生きたいと思う気持ち。自分を行動、話す力。意志を含めざっくりした力を信じる。クライエントは自分や人を信じられないことが多いのは、これまで承認されなかったから。

・クライエントは、自分や他者を信じることを、カウンセリングの関係性の中で回復させていく。
取り戻していく。

・カウンセラー自身が本当にフェミニズムの視点で、更にクライエントを

信じている。自分の人生を歩んでいけると信じている。

- ・関心を持つ（どんな人生を歩んできたのか）。信頼する。承認する。
- ・人への信頼を回復するために、まず、カウンセラーとの関係の中で取り戻す。傷ついた人がまず自分への信頼感を取り戻す。
- ・エンパワメントは「する」「される」の相互作用

3、被害者化　アプローチの方法

- ・これもあなたは悪くない。あなたは被害者よ。まず、自分が被害を受けたことを、本人が認知できていないことが多い。加害者のストーリーで自分に起きた出来事を見ている。カウンセリングを通して、被害者としての認知に変える。一緒にストーリーを見直していくことで、本人自らが、被害者なんだ、私は悪くないと思えるようになること。
  始めから、カウンセラーが「あなたは悪くない。あなたは被害者よ」と言っても入らない。本人が語ってもらうことから始まる。
- ・ふつうに話してもらう中でする。神話を崩すことをする。
  少しずつしていく。本人が「被害だったんだ」と思えることが大事
- ・性暴力は被害者化しやすいけれど、DVや虐待は、アプローチの仕方は違う。DVだと思うと生きていけないこともある。児童虐待も自分が悪いから虐待されたと思うことで自分を支えてきたものでもあるから、加害によって対応は変える必要があるのではないか。
- ・親が間違った養育をしていたことを知らせることは大事。痛みになるかもしれないけれど、残念だけれど、親を選ぶことはできない。親は健全な養育ができなかったことは事実。それを伝えていくことは要る。でも、タイミングはある。年齢にもよる。その人が何を礎にしてきたかがある。
- ・子ども虐待の場合、子どもが礎にしているものは、大切にしていく必要はある。愛されたい、愛されていると思いたい気持ちは多くの虐待を受けている子どもにあるし、丁寧に扱っていく必要がる。それとは別に、どんな状況であっても暴力、虐待の行為は間違っていることは伝える必要がある。親もどう関わっていいのかわからなかったのだろうし、親も虐待を受けていたということもあるだろうし、行為は加害行為。親を加害者(レッテルを貼ること)は違う。関係性を丁寧に扱う必要がある。ケースケースによって丁寧にする。子ども虐待など、親密な関係性では、相手（親）を加害者化することに抵抗があるのは当然。行きずりの性暴力とは違う。
- ・性暴力にしても、相手が誰かにもよる。今、ワンストップセンターでも、

「あなたは悪くない」が先走っている。そんなことわかっている。何が悪いのと聞かれて相談員がなにも言えないこともある。被害者化を安易に使っていることは要注意。

・アプローチの注意点として、丁寧にしていくこと。状況、被害そのもの、ケースによって対応は違う。たとえば、通りすがりの性暴力と親からの性虐は違う。単回のものか複数のものか、家族構成はどうか、被害者の年齢はどうか、等々個々にことなった丁寧な対応がいる。

・カウンセラーの基本として、「あなたは悪くない」の視点、ジェンダーやフェミに視点は持っていないといけないが。

・タイミングは重要。受けとめられる時期、状態がある。

・被害者ということば、「私は被害者でないです」と答えるひとがいる。何が被害なのか丁寧に伝える必要である。

・被害者のイメージは、ダメ、みじめ、悪い・・・被害によっては、被害者であると受け入れることに抵抗がある。今までの私の歴史はなんだったんだ。これまで我慢してきたものが無駄になるような、ものがある。

・私は性虐、性暴力の被害者なんだから、「私の要求を呑みなさい」「あんたたちは私の要求を聴くべき」に変っていくことがある。被害者化は大事だけれど、それがないと回復しないものなのだけれど、時として、被害者が支援者に「被害を受けていないものに、被害者の気持はわからない」と、支援者に拒否的になる。これらも被害からくる心理的な影響である。

・被害者化を本人にしてもらうのだけれど。カウンセラーが直接「あなたは被害者です」というかどうか。ケースによる。事件の場合などは「これは事件よ。あなたは被害者よ」という場合もあるが、DVなり、母娘、虐待の被害もあり被害者化も必要だけれど、どういうのか、何を被害者化するのか。

・DVも虐待も暴力を伝えるとき、これは暴力の被害だと伝えることはある。身体的なもの以外にも。

・権利の回復のためにする。それをしないと、自分に被害を受ける謂われのないものを受けてきたんだ、権利を回復するための第一歩。権利意識をもつこと。人権のこと。
定義の言語化として、権利意識の回復がいる。

・母娘や親子の関係などにも使えるもの。母からの支配を、そうされるものでない。
ただ、本人はまったく気にしていないこともあるし、カウンセラーが被

害だと決めるものではない。

母娘などで、自分が感じていることを取り戻す必要がある。その人が感じていることが重要。

"もやっ"としているものを、葛藤しているからくるのだから。

・客観的に自分を図の中に落としこむようなもの。壺を上からみているようなもの、自分に置かれた状況を、俯瞰する（客観的とは違う）ようにみる。

・問題を自分の語りから、問題を俯瞰して、自己洞察していく中で、権利意識を回復する。

・被害者化がエンパワメントのスイッチの変換点になる。被害者化することは相手を憎むとかは違うけれど。これまでと違う。放置することはディスパワーになる。権利回復には怒りの力もいるので、いい方向に変える転換点になる。

・被害者化は準拠枠を変えること。DVの場合は夫や世間の準拠枠を捨てさせる。

そのような準拠枠を持っている社会にどう生きているかを支援する。

主体的に生きるためにもこの世の中の仕組みを知っていく。

4、外在化

・意識して使う技法にナラティブがある。ナラティブの技法では「問題が問題であって、人が問題でない」問題とすることに名前を付ける。

・問題と自分を切り離すこと。

・そのプロセスにジェンダー教育がいる。パーソナルイズポリティカル。あなたの問題は社会の問題である。子育ての例、問題がこの人の上に現れている。

・問題児をいうとき、問題のある子でなく問題を抱えている子。その問題はどこからきているかを、本人もみられるようにする。フェミカンのカウンセリングでしている。

・外在化は技法だから。ジェンダーの視点でとりだす。問題をどう見るか。

・名前をつける。「それはDVです」も名前をつける。

・トラウマの反応も体の反応だから当たり前だとする心理教育も外在化なのだろうか？

それは技法としては心理教育だけれどね。

・外在化は技法　被害者化は技法なのか？認知の変換をされるための。

外在化は、目的と効果。だから、被害者化は認知の変容そのものの名まえ。

私は被害者だという認知がかわった、その名前が「被害者化」どんなふうに認知を変えていいのだけれど、「被害者化」という名前をもった認知の変容を促すための技法が外在化。

・ナラティブセラピーの定義（サイト参照）：問題を自分の一部として、マイナスな経験を繋ぎ合わせて、ダメな自分と語ることを内在化している状態。内在化している問題や病理を切り離していくことが外在化技法です。クライエント＝問題という意識から、外部による問題に苦しめられているクライエントであるという見方にシフトしていくことになります。これにより効果は、問題点をはっきりさせて、解決方法を模索していくことが可能となり、また治療者とクライエントが協力して問題に取り組むことができるようになるのです。

・他のカウンセリングでも外在化の技法は使うが、フェミニストカウンセリングでは、フェミニズムの視点があるので、切り取るところが違う。とりだすものが違う。取り出すテーマは同じでも名づける名前が違う（例：夫婦喧嘩ではなくDVと名づける）。カウンセリングの方向性が違う。

・フェミニストカウンセリングの捉え方、視点を外部の人にわかるように的確に短く言語化する必要がある。

・母親の娘への嫉妬の解説で、「失われた若さ」「夫への失った関心の嫉妬」は違うと思う。
特権的な若さへの嫉妬かもしれないし、特権的立場への嫉妬だ。

・一言でわからせる言葉が必要。会議で「ジェンダー」と言っても通じない男女参画が絡んでいるのならまだわかるが、福祉では通じない。

・何が問題かが、フェミニストカウンセリングと違う。子育て問題とか、個人的な育ちかで言われたりする。本当に違う。

・基盤はフェミニストの視点で、被害者化や外在化なりの技法を使って、エンパワメントにつなげるか。

・「ジェンダーの視点」の言葉が、通用しないうちに、使い古されたものとされている。男女共同参画の視点の方が入りやすい。ジェンダーとかフェミニズムに拒否な反応の人が多い。男女共同参画は国がやっていることなので、取り込まれてしまう。男女共同というと革新性がなくなっていく。男も元気、女も元気でしょう。フェミニズムやジェンダーでは、男女は公平ではないと、線を引いているわけだから。

・離婚講座も一時、流行っていたけど、また出来なくなってきている。

Ⅲ ケースを共有しながら、キーワードについて検討する

メンバーが実際にカウンセリングを行ったケースから4つのキーワードについて検討した。

（ケースの詳細と検討した内容については記載しない）

1、ケース1から「被害者化」について検討した。

2、ケース2から「被害者化」「外在化」について検討した。

3、ケース3から「エンパワメント」「被害者化＋外在化」について検討した。

4、ケース4から「被害者化」「外在化」について検討した。

5、ケース5から「エンパワメント」「被害者化＋外在化」について検討した。

Ⅳ 新たな定義にむけて（文言化）

1、メンバーから出た意見

- ・被害者化は心的現実ではなく、関係をみる。
- ・心的現実に寄り添っていったらいつまでも「私が悪いんです」になる。心的現実を越えた構造を見ないと被害者化はできない。
- ・自分に起きた出来事を、ジェンダーの視点で理解できることがまず必要ではないか。
- ・自分が悪かったという物語を変えていくアプローチのひとつとして被害者化がある。
- ・ドミナントストーリーをオルタナティブストーリーにしていくこと。
- ・フェミニストカウンセリングの中で被害者化は重要。
- ・母娘、DV、なんでもジェンダー格差社会の被害者であることをとらえることから始まる。
- ・被害者とは一般的にはみじめなことのようだが、フェミニストカウンセリングでは違う捉え方。
- ・「あなたが苦しまなければいけないことなの？」と性暴力被害ケースで問うこともある。
- ・被害者化は、フェミニストカウンセリングの重要な、基礎となるスキルであると言い切ってもいい。なぜなら、女性そのものが、ジェンダー格差社会の被害者。
- ・それを広げると、シスターフッドになるのではないか。CRグループでの共感、社会の問題でもあるのだという覚醒も、被害者化の先につながっていくのではないか。
- ・ジェンダー教育を無理やり心理教育の中に入れなくてもよいのでは。

・フェミニストカウンセリングしかできないのはこれ、という言葉を作った方がよい。

V 定義する

1、「被害者化」

（1）定義

・クライエントの心的現実（私が悪かった）ではなく、クライエントにその心的現実をもたらした行為者と彼女の関係を捉え直すためのアプローチである。

・この社会をジェンダー格差社会ととらえた上で、改めて行為者とクライエントとの関係をとらえたときの、クライエントの立場を明確にする働きかけである。

・フェミニズムの視点で社会構造をみる時、（心的現実を否定するわけではない。）心的現実をその人個人の問題としてみるのではなく、その人と行為者との関係において新たに意味づけしてとらえる行為。

・心的現実がもたらした事実、その事実におけるクライエントと行為者の関係（支配／被支配関係）を、その関係をもたらした社会構造（＝ジェンダー格差社会）をジェンダーの視点で見る。そのジェンダー格差社会の中に置かれた両者、という構造を見る視点を、クライエントと共有する（被害者化）ことである。

（2）被害者化のアプローチ〈展開の順番にそって〉

・（カウンセラーとクライエントは）関係性を巨視的にみる。（出会い〜今まで、など）

・（カウンセラーは）人権への気づきを促す。

・（カウンセラーは）ジェンダー格差について解説する。

・（クライエントが）自分が受けていた行為の意味を知る。

・（クライエントが）自責からの解放への意志を持つ。

・（クライエントの）自尊感情の回復「私は悪くない」と思える。

2、「外在化」

（1）定義

クライエントの多くは、自分の信念や価値観などにより、「問題が問題である」とみなしている。問題を自分の一部として、マイナスな経験を繋ぎ合わせた物語を作り、「だめな自分」と語ることが多々ある。これは問題が内在

化している状態である。内在化している病理や問題などをクライエントと切り離していくのが外在化技法である。外在化により「クライエント＝問題」という図式から、「外部にある問題と、それに苦しめられているクライエント」という見方へとシフトすることになる。これにより、問題点をはっきりさせて解決方法を模索していくことが可能となり、また、治療者とクライエントが協力して問題に取り組むことができるようになる。

※参考：ナラティブセラピーの中での外在化の説明

3、「フェミニズムの視点（ジェンダーの視点)」

（1）定義

相談者は、社会の問題を体現している存在である。体現している問題を取りだすことが外在化である。

（2）前提

取り出す時に、<u>前提にあるものや、考え方、捉え方がフェミニズム的であること。</u>

前提にあるフェミニズム的な視点とは、相談者の問題は個人の病理や問題ではなく社会問題を体現していると捉える視点である。

例：子育ては母親の仕事だからと、1人で抱え込み、自分や子どもを抑圧し、苦しんでいる。

 ⇒「母性神話」と名付けて外在化する。

 前提にあるもの：「子育ては母親だけがするもの」と言う社会通念があるが、間違った考えであり、子育ては母親だけがするものではない。

 もし、FCの視点がない外在化であれば、「母原病」「養育不能の母」となる。

（3）アプローチ

外在化したものと、カウンセラーとクライエントが共に戦う。

・「あなたを苦しめていたものは、社会構造からくる問題である」と、意識を広げる。

・「Personal is Political」であると広げるところにフェミニストカウンセリングのアプローチがある。

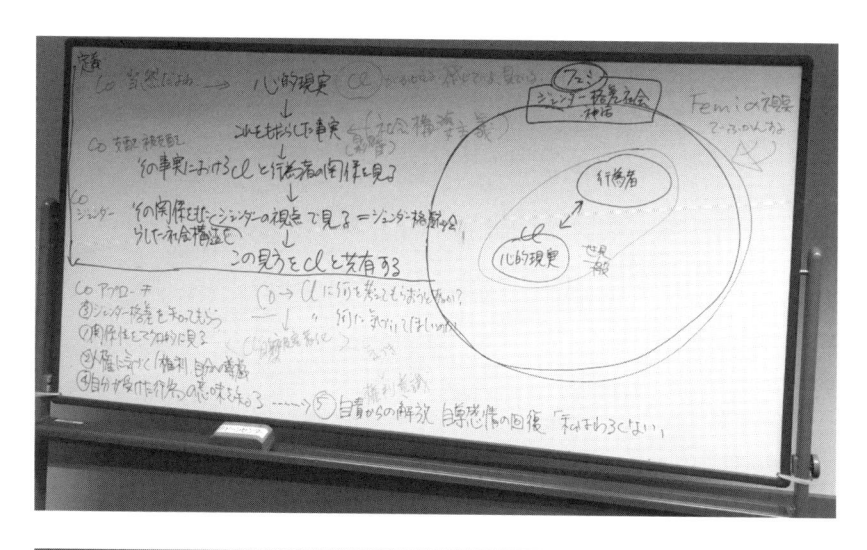

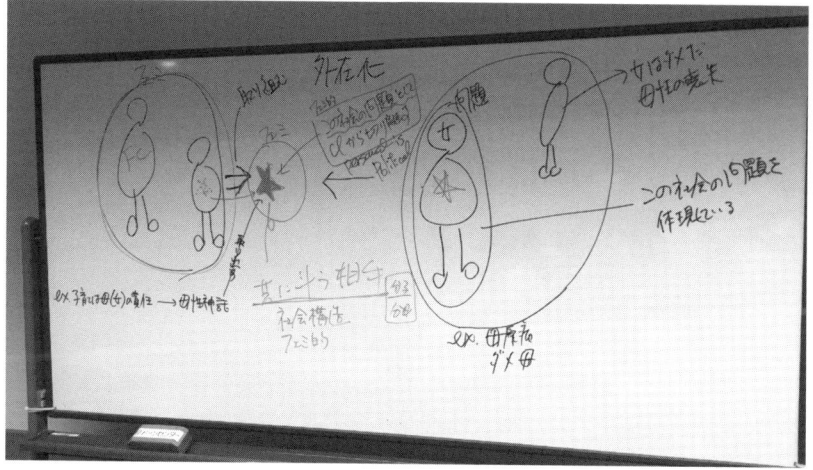

4、「エンパワメント」

・エンパワメントにもフェミニズムの視点を入れた定義が必要であろう。

・社会構造をひっくり返すような視点が必要である。

今回のアプ研チームでは「エンパワメント」については、検討できなかった。

「被害者化」「脱被害者化」「フェミニズムの視点」「多様性」「支配／被支配」

合田恵、福島由美子、執行照子、
三谷眞希子、梶原知子、福岡ともみ、北山れいこ、
村瀬智子、増井さとみ、岡本明子

はじめに

　「心理教育」の理論化に向けた試みの中で、2016年度の全体討議からキーワードとなる言葉の定義自体があいまいであるという認識に至った。FCならではの「心理教育」を確立させるためには、共通の言葉の定義が必要であるため、2017年度は「エンパワメント」「被害者化」「フェミニズム（ジェンダー）の視点」「外在化」という言葉の定義とアプローチについて各チームで話し合うことになった。

　神戸チームでは、まずメンバーそれぞれが自分の考える四つの言葉の定義とアプローチを出し合った。その中で「被害者化」の定義とアプローチが多岐にわたり、「回復」に向けたFCの実践に欠かせないものであるとして、「被害者化」に絞って討議していくこととした。また、「フェミニズム（ジェンダー）の視点」に多様性を含めることについても話し合いを行った。

1．被害者化

◇被害にあうということ

　一口に被害と言っても、性暴力の被害者への対応と窃盗などの犯罪被害者への対応は明らかに異なる。性暴力というと性犯罪と認識されがちだが、性暴力は性犯罪を含むより広い概念である。性犯罪と捉えると加害者処罰や出来事に目を奪われ、被害者のこころ、からだを置き去りにしかねない。リプロダクティブ・ヘルス／ライツや性的自己決定権の侵害やトラウマ体験として性暴力を捉えていく必要がある。

　また多くの場合、犯罪被害者は、加害者のケアを求められることはないが、DV被害者の場合は加害者ケアを求められ、被害の責任が被害者にあると責められる。DVや性暴力の場合、被害を受けた側の「落ち度」が問題とされ、被害者自身の日常の行動や過去にまで遡って被害者の責任が問われる。

性暴力においては、法的にはその一部だけしか犯罪として認めていない。また、警察に届け出ても暴行脅迫要件が立証できないとして被害届を受理してもらえないこともある（元交際相手や面識のある相手などの場合はとくに）。

またそれだけでなく、ジェンダー規範や性へのタブー意識、トラウマ反応によっても被害を受けたと思いたくない、思えない状態にある場合もあり、被害を受けたのだと思うことができない被害者もいる。

◇「被害者」であることの否認

「被害者」には「弱い人」というイメージが付きまとうため、「自分は弱くないと思いたい」から「自分は被害者ではない」と思ってしまうのはある意味当然である。支援の現場では「被害者」ではなく「被害当事者」という言葉が使われることがある。

DVの関係においては、「夫の言動は愛情からでたものだと思いたい」「夫婦ではよくあること」「子どもの父親を犯罪者にしたくない」といった気持ちを抱きがちであり、相手を加害者とすることへの抵抗から自身が被害者であることを否認することもある。

また、「同情を受けたくない」「かわいそうな人と思われたくない」という心理や「夫はかわいそうな人」と思うことで、夫との関係における優位性を保とうとする心理が働いたりすることもあるだろう。

◇「被害者化」が困難な場合のアプローチ

一方、被害感の中に留まり、加害者への恨みの感情にからめとられて抜け出すことが困難な被害者もいる。トラウマの症状としてとらえることもできるが、このような場合はなかなか「脱被害者化」につながらず、苦しさをエンドレスで抱えていくことになる。カウンセラーの考えうるよりよい対処法を提示はするが、関わりが難しくなる場合も少なくない。

過去の傷つき体験の影響などから「自分（の回復）」に目が向けられない、夫が許せず、夫の失脚を画策するなど、その気持ちは理解できると受け止めて、日常のイライラ感や苦しさを少しでも軽減できる方法（例えば呼吸法やリラックス法）などを一緒に考える。根本的な変容につなげられなくても、傷つきや恨みの感情を持ち抱えられるようになる支援を目指す。

また、被害そのものを否認する被害者もいる。夫に暴力を振るわれケガまでしながら、これはDVではないと主張する場合などである。そのような場合、面接を重ねる中で状況に応じて、夫と対等にやりあっているように見えても、

実は背景に支配／被支配の関係性があり、力の差から生じていることを対話しながら伝えていく。「被害者化」についてもクライエントのペースに合わせて働きかけていくことが必要であることは言うまでもない。

◇FCにおける「被害者化」とは
　フェミニストカウンセラーが考える被害者とは弱い人ではない。被害・加害が起こっている背景には権力構造があると捉えている。クライエントが抱きがちな被害者のイメージを修正し、自分自身の現状をうけとめていく働きかけをする。
　被害に遭うと、自分が被害に遭った理由がわからないため、「自分が悪いから被害に遭ったのだ」と思い込んでしまうことがある。一度ならず、二度、三度と重複して被害に遭うと、その思い込みは強化され、強固な自責感を抱えてしまう。まずはそう思ってしまうことに共感したうえで「あなたは被害者であり、何も悪くない」と「被害者化」について話し合っていく必要があると考える。
　「自分が悪かったから」「自分が弱かったから」起きたことではなく、加害があってこその被害であり、被害者には責任がないということまでを含んでいる。自分に起きたことを理解することで回復へ向けた一歩となる。ただ、「被害者化」という言葉からレッテル貼りをしているようなイメージが付きまとうため、カウンセラーの配慮が必要であるという意見も出た。

◇「被害者化」から「脱被害者化」へ
　「被害者化」と自尊感情は密接に関係している。自尊感情が低いとどうしても「こんな私だから被害にあってもしょうがない」と思ってしまう。自尊感情を高めていき、被害のことを客観的に理解することで、これは被害であり、自分が悪いわけではないことに気づく。「この私に何をしてくれたの？！」と思えるようになること（＝「脱被害者化」）は大切である。そのプロセスをともに歩んでいくことがFCではないだろうか。それはPTG（Post　Traumatic Growth：トラウマを受けたからこそできる成長）のために必要なプロセスでもある。被害をきちんと自覚し被害者化ができると、次に対等な関係性を考え目指すような自己変革にもつながる。つまり、FCでは、被害者を被害化するのにとどまらず、そこから脱被害化していくところを目指していくのである。

◇「被害者化」がもたらすもの

加害者に加害行為を働いてしまったDV被害者の支援から、被害者はDVという言葉は知っていたしDVとは思っていたが、DVが与える心理的身体的な影響（症状も含め）やDVの構造について気づけていなかった。加害（とりわけ「殺人行為」）を自身が見つめていく過程には深さ、苦しさがある。被害を受け続けていると、暴力が心身にどのような影響を与えるのかがわからず、被害に遭っているという確かな認識がもてない。それらを理解してようやく自分の行為の意味がみえてくる。

　つまり、自分が置かれている状況を客観的に捉えられていない（「被害者化」されていない）と、加害者側になってしまう可能性もある。現在の自分の状態に目を向け、それは被害を受けた影響によるものであるとの理解が深まれば、さらに「被害者化」が進み「脱被害者化」していく。「あんなやつのために自分が罪を犯すなんてばかばかしい」と思えれば加害を食い止めることにもつながる。

　自分がどのような被害を受け、どのように感じたかをみないままにしていると、未整理の怒りなどの感情がさらに自分より弱者へ向かうことがある。例えばDVから離れた後に、子どもをコントロールしようとする、虐待してしまうなどの例がある。

　このように、自分が置かれている状況を理解することで、「被害者化」から「脱被害者化」のプロセスを経て、過去の支配関係に縛られずに生きていくことができる。

2．「フェミニズム（ジェンダー）の視点」と「多様性」

　「フェミニズムの視点」とは、差別、支配／被支配の関係性で読み解く視点である。自分とはまったく違う文化や宗教の女性が、何らかの差別や支配で悩んでいれば、女性が何に悩んでいるかを聞くことから始まる。

　FCは、支配／被支配の関係性に目を向けているカウンセリングである。男女だけでない、いろいろなところに支配／被支配の関係性がある。中立な立場ではなく、被支配の側に立つのであれば、男女の格差だけでなく、被支配立場の人への敏感さをもつことが必要である。言い換えれば、「多様性」、「社会的弱者」、マイノリティのためのカウンセリングでもある。

　そういう意味で「多様性」の視点は入れるにしても、FCは性差別から始まっているので、性差別は「核」に置いておきたい。何重にも重なり合っている支配／被支配関係の底辺にいるのは女性なので、女性を中心に二重三重の差別や支配があり、他のマイノリティの問題も加えて考える。

現在の社会における権力構造は、LGBTに対する差別など、従来の「男女」という二項対立で議論しつくせない複雑化している現状がある。フェミニズムは性別に捉われず、「みんな（すべての人）のもの」であり、マイノリティであるがゆえに差別を受けて権力構造が生じる中、そこに着目し、分析する概念ではないのか。

　一方、「多様性」を受け入れることで問題が個人のものとされてしまって見えにくく、曖昧なものになり混乱する懸念もあるという意見も出た。

　マイノリティの中にも男女の格差や差別、権力構造がある。どの層においても女性は下位に置かれているので、男女の権力構造は「核」に置きたい。差別や支配／被支配の関係性に着目して読み解く視点がフェミニズムなのではないか。社会には差別や偏見、そして支配／被支配といった権力構造があるので大きく権力関係を分析する概念とするが、主に「男女」の性別に起因する権力構造を読み解くことと結論付けた。

　後日まとめ作業の中で、この話し合いに参加できなかったが、この項の上記意見に賛同できないというメンバーから意見が寄せられたので併記しておく。

　「多様性」を受け入れたら、なぜ問題が個人のものとされるのか、なにが曖昧になるのか、なぜ混乱するのか、曖昧や混乱はいけないことなのか。「女性」のなかの権力構造は照射しなくていいのか。FCは性別に起因する権力構造だけを主に読み解くということなのか。つまりFCのバックボーンは第二波フェミニズムということなのか。

interview
フェミニストカウンセリングと共に歩んで

海渡捷子さん
フェミニストセラピィ "なかま"

聞き手：小林りょう子
（特定非営利活動法人日本フェミニストカウンセリング学会事務局）

　海渡捷子さん：1995年から日本フェミニストカウンセリング研究連絡会の運営委員を務める。日本フェミニストカウンセリング学会へと改組後、2001年まで日本フェミニストカウンセリング学会理事。その後2007年までフェミニストカウンセラー協会理事を務める。大会、教育訓練、資格などフェミニストカウンセリングの初期の活動に深く関わる。

5回目の東京（横浜）大会
　今年2019年度の全国大会の会場は「ウィリング横浜」です。会場は横浜ですが、実行委員会はフェミニストセラピィ "なかま"（以下「なかま」）のため、東京大会として開催されます。東京で開催される大会は今回で4回目。今回同様に、横浜を会場とし、東京の会員が実行委員会となった横浜大会を加えると5回目になります。そこで今回のインタビューは、1回目の東京での大会（八王子大会）からすべての東京大会に実行委員として関わってきた海渡さんにお話を伺いました。聞き手は事務局の小林です。
　最初に、5回の大会の開催年度と開催場所の確認をしました。

1994年11月東京大会（会場八王子　セミナーハウス）
2003年10月東京大会（会場東京都　ダイヤモンドホテル）
2004年6月横浜大会（会場横浜　ウィリング横浜）
2006年5月東京大会（会場東京　お茶の水女子大学）
2019年5月東京大会（会場横浜　ウィリング横浜）

　海渡さんも小林も記憶が曖昧になっており、「ああだったっけ、こうだったっけ」を20分以上もやっていました。最初は東京での大会は4回だと思ってい

ましたが、確認をするうちに横浜大会は実行委員が理事会と東京の会員で構成されていたことに思い当たり、横浜大会も含めて、全部で5回の全国大会を中心に、これまでの日本フェミニストカウンセリング学会のあれこれについてお話を伺うこととしました。海渡さんは今回で2回目の実行委員長です。

八王子大会
第一回日本フェミニストカウンセリング研究連絡会全国大会
小林—八王子が研究連絡会※①の発足の大会で、ダイヤモンドホテルが10周年大会。横浜大会がNPOになって最初の大会、というように東京大会は節目の時に開催されてきたように思います。海渡さんは八王子大会の時も実行委員だったんですか?

海渡—私は八王子大会の実行委員だったけれど、「なかま」が実行委員会をやるのは今回が初めてです。お茶の水女子大学（以下お茶大）のときは「フェミニストカウンセリング東京」(以下「フェミカン東京」) が実行委員会を引き受けたし、八王子大会は当時の運営委員の人と東京の会員が中心になりました。

小林—その時は海渡さんは運営委員じゃなかったんですか?

海渡—私が運営委員会になったのはその翌年、八王子大会の後、研究連絡会が発足してからです。それ以前は暫定運営委員会と言う名前で、河野さん※②が声をかけた人7人ぐらいの人が運営委員でした。八王子大会はその人たちが中心だったんだけど、「なかま」に「大会開催のために実行委員会をやっている。『なかま』の人にもぜひ参加してほしい」という葉書が来ました。それで「やっぱ行かなければ」と思って、中野だったと思うけど、行きました。皆「なかまの人が来た」という感じで何も言ってくれない。私そういうの初めてだったから「何なんだろう」という感じでした。
　暫定運営委員の人は大阪のメンバーを除いて全員が「なかま」の受講生だったんだけど、夜のクラスの人ばかりなので私は直接は知らない人ばっかりでした。その後親しくなる遠藤さん※③や内山さん※④ともその時初めて会った感じです。八王子大会で正式に研究連絡会が発足して暫定運営委員会は終わり、引き続いて運営委員会になったんだけど、運営委員にならずに辞める人がいて、その人の代わりに運営委員になりました。だから、運営委員になったのは95年からです。

小林―そうなんだ。じゃぁスタートの時はあまり関わりはなかったんですか？

足立区女性相談―フェミニズムの視点での最初の女性相談

海渡―最初の全国大会※⑤の開催地は大阪だったので、運営に直接関わる事はなかったけれど、河野さんに声をかけられて「地方自治体女性センター相談業務の現状と課題」※⑥という分科会を担当しました。東京フェミニストセラピーセンターの人が司会をやってくれて、私が発題をしました。当時足立区の女性相談※⑦に行っていたので、そのことをベースに報告をしました。

小林―その頃から地方自治体の相談に行っていたんですか？

海渡―1988年に足立区がそれまでの婦人会館を女性問題を中心にした女性総合センターに建て替えるということがあり、メインに女性相談をおきたいと言うことになりました。それまでに講座を担当するなどで足立区とは信頼関係ができていたので相談室の話があったときにお引き受けすることになりました。それから他の市や区に女性相談が広がっていったのだけど、足立区の女性相談がフェミニズムの視点での女性の自立をうたった最初の女性相談だと言ってよいと思います。熱心な職員さんがいらしたのを覚えています。もう一つ、この相談が委託の形をとった最初の相談です。

小林―それ以前の相談は委託ではなかった？

海渡―それ以前は相談員個人が非常勤職員として雇用契約を結ぶと言う形だったと思います。

小林―その相談は今も続いているのですか？

海渡―続いています。

小林―すごいですね。30年以上。

海渡―途中でいろんなことがありました。「なかま」が関わった問題について「こんな所に委託をしていいのか」とか、誰が出したのかわからないけれど、密告のような手紙があったり・・・。事情を説明して理解を得ましたので問題

はなかったのだけれど、今思い出してもいろんなことがあったなあと思います。

初期の熱気—八王子大会と最初の現任者訓練

小林—話を大会に戻します。第一回目の大会である八王子の大会※⑧はどんな雰囲気でしたか？印象に残っていることなどがあれば、お聞かせください。

海渡—「これから始まる」という熱気がありました。参加者は270名だったけどいろんな分野の人がいたという印象があります。学生もいたし大学の先生もいたし、中学校の先生や養護の先生、行政の人、LGBTの人もいました。今思うと居場所ができたという感じがあったんだと思います。マスコミ関係者もいました。市民メディアだけでなく大手紙の記者さんも会員になっていました。こうやって話してて、フェミカンは皆に期待されてスタートしたんだなと、改めて思います。一泊二日の大会でしたから、深夜まで意見交換をしたグループなどもあったようです。

　総会の時に「矢野事件の被害者を支援する会」の方から京大矢野事件※⑨の矢野教授がノーベル賞の候補になっている、それに反対するので賛同してほしいという意見がありました。「全国大会参加者有志」名で要望書を出しました。それが功を奏したのかどうかは分かりませんが、矢野教授はノーベル賞をもらえなかったみたいです。このとき会場だったセミナーハウスが第一回の教育訓練の会場になりました。

小林—矢野事件ってよく聞くけど、そんなに以前の事件だったんですね。ところで、教育訓練は現任者訓練として行われたと聞いていますが。

海渡—そう。実際に養成講座などを卒業して相談業務に当たっている人たちがフェミニストカウンセリングを勉強する場がないということで、また相談員の質の向上のためにも学ぶ場が必要だということで企画されました。対象が「フェミニストカウンセリングの現任者を自認する人」ということで、「現任者訓練」と言っていたのだけど、「教育訓練」という言葉も同時に使われていました。最初の現任者訓練が1998年の7月。60名の募集に120名近くの応募があって、翌年の3月に同じプログラムで2回目の教育訓練を行いました。あの頃はみんな、学ぶことや集うことに飢えていたと思います。三泊四日というハードなスケジュールで、初日が記録的な大雨の日でした。新幹線はもちろんのこと、在来線も遅れるし、ジメジメとしてて靴にカビが生えるしで大変だったんだけど、そ

ういうのってむしろ記憶に残りますね。

　それと、八王子大会では翌年の北京会議に行こうという呼びかけが行われました。私は参加しなかったんだけど、その後も全米女性心理学会へのスタディツアーが何回か行われました。矢野事件に関する呼びかけあり、スタディツアーの呼びかけありで本当に熱気に満ちた大会だったと思います。古い通信を見たら、分科会が5つで、ワークショップが15も開かれています。通信を見てあの頃の熱気を懐かしく思い出しました。

バックラッシュの時代と研究連絡会の変化

小林―次の2003年のダイヤモンドホテルでの大会で印象に残っていることはありますか?私もこの前年あたりから事務局に入ったのですが。

海渡―十周年記念の一日だけ、シンポジウム※⑩と交流会だけの大会でした。シンポジストは大沢真理さんと竹村和子さん。この頃バックラッシュが真っ盛りで、男女共同参画の催しに声高に抗議をする集団が押し寄せるということが、各地で頻繁に起こっていました。大沢真理さんは上野千鶴子さん共々バックラッシュのターゲットになっていましたので、実行委員会でももしそういう人たちが来たらどうしようということを話し合いました。万一大澤さんに向かっていくようなことがあったら近づけないようにみんなで取り囲もうとか、そういうことを考えて、実行委員の会場内での配置なども考えました。実際にそういう人たちが押しかけることはなかったのですが、そういう意味で緊張した大会でした。

　それと印象に残っているのが、交流会の食べ物がなくなる速さです。慌てて追加の料理を注文したのを覚えています。交流会の食べ物がすぐになくなるのはどこでも共通なのですが、この時はことのほか早かったように思います。

　それでと言うわけではないけれど、大会の時はいつも土地の美味しいものを食べたり、買って帰ったりするのが楽しみでした。今でももちろん楽しみです。この時は帰りに品川駅のオイスターバーに寄りました。みんなで大いに食べました。横浜大会の時は帰りに中華街の「聘珍樓」に「なかま」の人たちと行きました。お茶大が会場の時はメンバーの知り合いがいるということで椿山荘でイタリアンを食べました。大会の内容よりもこっちの方を覚えている感じです（笑）。

　それと、ダイヤモンドホテルでやったのはシンポジウムと交流会だけと言い

ましたが、午前中にフェミニストカウンセラー協会※⑪の立ち上げをやっています。この前の年に最初の認定フェミニストカウンセラー※⑫が誕生しました。さらにその前年にはフェミニストカウンセラーの資格化にあたって、研究連絡会は学会へと改編されています。この頃が日本フェミニストカウンセリング研究連絡会が大きく変化した時期です。

フェミニストカウンセリングと新水社

小林―お茶大のときは特に節目というわけではありませんが、何か東京でやる理由があったんですか？

海渡―河野さんがお茶大をやめるのでお茶大を使ってできるのは最後だということでやりました。ここでは大会当日よりも下見に行ったときの方が印象に残っています。建物の上から見た桜がすごく綺麗で、お茶大といえば、あのときの桜を思い出します。「フェミカン東京」の人が中心になってやってくれたので、私はあまりバタバタすることはありませんでした。そうなるとむしろ何にも覚えていない（笑）。シンポジウム※⑬のときに一生懸命に作った垂れ幕が外れて落ちたのが唯一の記憶です。慌てて直しました。それと、新水社※⑭の村上さんが来て本を売ってくれました。昨年末にお亡くなりになったというのを聞いて、本当にショックでした。いつも赤字ギリギリのところでいろいろやってもらって・・・。いつか村上さんに、沢山売れる本を出して、いい思いをしてもらいたいね、などと言いながらその機会もなく、つくづく残念だったなと思います。

小林―村上さんのことは本当にびっくりしました。新水社にはジャーナルの発行で本当にお世話になっていましたから。ご冥福を、と思います。
　気を取り直して、話を戻します。2002年に最初のフェミニストカウンセラーが誕生したとのことですが、資格を作るには何年ぐらいかかったんですか？

フェミニストカウンセラー資格の誕生

海渡―結構長い期間かかりました。話そのものは1996年ぐらいから始まっていて、1997年の札幌大会の時に、運営委員3人で「資格認定の必要性をめぐって」というワークショップ※⑮をやりました。続いて1998年の堺大会で教育訓練の実施報告に合わせて資格化について話をしました※⑯。この大会で資格についての議論を始めることを正式に決められ、資格検討部が発足しました。フェミ

カンはどっちかというと、資格なんかいらないというスタンスでやってきたところがあるので、資格化にあたっては、丁寧に、やらなければならないことをやってきたと思います。

小林—1996年頃から？長い時間をかけたんですね。

海渡—堺大会以降は資格検討部の人が中心になって作業を進めていったのだけど、なかなか大変でした。今聞くとどのように聞こえるのかわかりませんが、結構反対や疑問の声も多かったのです。研究連絡会の会員は相談業務に携わる人だけではないということもありましたし、資格というものが、権威主義的なものや排他的なものになりがちだという警戒心というか、懸念もありました。その一方で相談業務に携わっている人たちからは、自分たちの専門性のよりどころとして資格があったほうがよいという声も寄せられていました。私も仕事をする上で、資格があったほうがやりやすいのではないかという気持ちがありました。それと、フェミニストカウンセラーが社会的に認知されるようになってほしいという気持ちも、研究連絡会で運営委員をやっているうちに強くなったように思います。

　堺大会の翌年の徳島大会で、資格検討部が行ったアンケートの結果などが報告されました※⑰。ここで、資格を作るということが合意されたのですが、大変な議論の応酬がありました。それからもいろいろありました。資格に反対して退会していった人もいます。資格を作ると決まってからは、どのような資格がいいのか、公聴会を開き、会員の意見を聞きました。フェミニストではない人にフェミニストカウンセラーになられたら困るという感じの意見が多かったように思いますが、そうなると次は、誰がこの人はフェミニストであると決めるのかという問題が起こります。本当に難しさを感じました。そういう議論を経て、千葉大会でどのような資格を考えているかが報告されました※⑱。今考えると、結構厳しい基準の資格だったと思います。資格申請のための要件はその後、少しずつ変わっています。

　資格の議論が進んでいる頃に「ふぇみん」※⑲の取材を受けたことがあります。記者の方がフェミニストカウンセラーの資格というものに強い関心を持ってくれていて、フェミニストカウンセリング研究連絡会が発足したときと同じような「やっとできた」「待っていた」というようなものを感じました。「ふぇみん」以外にも関心を持って取り上げてくれたところがありました。

小林―資格化に至るまでのお話をうかがったのですが、印象に残っているものがその他にもありますか？

合宿のような大会、教育訓練での宿泊

海渡―八王子大会のところでも話しましたが、やはり会員の熱意や熱気のようなものが印象に残っています。「日本フェミニストカウンセリング研究連絡会」の設立が決議された、大阪での全国大会では延べで800人ぐらいの参加者があったそうです。「待っていました」というような感じですね。教育訓練でもいつも定員を超える申し込みがありましたし、先着順だったので本当に皆さん競うようにして申し込みをされていました。

その頃は宿泊も教育訓練部が用意していましたので、みんな寝不足になるぐらい深夜まで話していました。ちょっとした合宿状態。教育訓練部の人間もいつも一緒でしたので、とても仲良くなりました。記憶に残っているのは教育訓練の資料の印刷。学会の事務所を持つ以前はいろんなところでやっていました。参加者も多いし、先生方もたくさんの資料を用意してくださっていたので、本当に印刷が大変でした。よく使っていたのは、中野の女性会館です。紙を持ち込み、印刷をして折り込み、また持って帰るということをやっていました。会場が大阪のときはキンコーズで印刷。今思うと、みんな元気だったなと思います。宿泊もホテルの場合はツイン。大会のときなんか、修学旅行生のように何人もの部屋だったり…。堺大会のときなんか三段ベッド。皆、梯子登って…。今では絶対に無理だと思います。

小林―確かに今は無理かも。

皆で乗り越えてきた数々のトラブル

海渡―大会では自分の分科会に参加者が少ないけど、理事会はどう考えているんだという苦情が入ったり、いろんなことがありました。託児の問題、会場の問題、機器のトラブル、忘れ物や持ち物の取り違え、ツインルームは無理だからシングルに替えてくれという要望とか、本当にいろんなことがありました。夜中にツインの部屋から締め出されて他の人の部屋に潜りこむ人もいたりしました。段々とシングルにしてくれという要望が増えて、シングルルームが基本になっていきました。今は宿泊はやめちゃったけど、あれは使う人が少なくなったんでしたっけ。

小林―皆さん、飛行機や新幹線とのパックでホテルを取るようになり、おさえた部屋が余るようになり、宿泊の用意をするのをやめたんですけど、今度はホテルが取れないから参加を取りやめるという人が出てきたりして、本当にうまくいかないなと思ってます。時代の流れだから仕方ないけど。

海渡―その他にも大会ではいろんなことがありました。参加者同士が言い合いになるなど、もめごとが起こったワークショップや、分科会の途中で気分が悪くなる人が出たり・・・運営委員会に強烈なクレームを言ってくる人もいました。深夜まで苦情を聞いたりとか・・・。そういうのは、皆で乗り越えてきた感じです。そういうことって普通とは違うことだから、印象に残っていてよく覚えています。

大概の会員はこちらの苦労もわかっているから、優しいんだけど、学会は商売じゃないのに、お金払ってるんだからという感じの人がたまにいて、そういうことがあると「何だかな」と思ったりして・・・。そういう人っていません？

小林―いないではないけど、昔に比べたら減ったような気がします。

若い女性への期待―私たちの時代にはなかった発信を

海渡―昔ほどいろんな人がいなくなったからでしょうか。今の会員はどっちかというと、フェミニストカウンセラーかフェミニストカウンセラーになりたい人中心のような気がします。昔のようにいろんな人がいると、トラブルも多いけど、活気もあるということなのかもしれませんね。

さっき大会の帰りにおいしいものを食べて帰ったという話をしましたが、運営委員や理事をしていたときは、よく遊んだなと思います。集まったら飲んで、食べて喋って・・・と、本当、どうしてあんなに元気だったんだろうと思います。大阪で会議があり、終わってから時間を忘れて話し込み新幹線に乗り遅れて、深夜バスで帰ったこともあります。私たち興奮状態だったのかな。でも、教育訓練でも資格化でもそうだけど、次々と考えなければいけないこと、やらなければいけないことがあって、それはそれで楽しかったなと思います。一緒に旅行に行ったりもしたし、その頃一緒に活動していた人たちとは今でも会えば昔に戻れる感じがします。昔話が多いのと、病気の話、亡くなった人の話になるのが、如何にも高齢者という感じですけど（笑）。

私たちより年下の、今の会員さんも夜を徹して語り合うことはあるのでしょうか。若い人たちはフェミカンにあまり入って来ないみたいなんだけどどうな

んでしょうね。ネットを見ていると、『週刊SPA！』に抗議※⑳した女子大生とか、シールズ※㉑の女の子たちとか、元気なフェミニストっぽい女の子たちがたくさんいるんだけど、フェミカンにはいないのかしら。そういう人たちが入ってきてくれたらいいのにな、と思います。聞くところによると、最近の若いフェミニストたちは河野貴代美さんはもちろんのこと、上野千鶴子さんのことも知らないらしいんだけど、そういうのを聞くと、私たちが伝え損なってきたのかなとも思います。

小林―若い人たちに伝えるとしたら、何を伝えたいですか？

海渡―伝え損なったものって何だろう。よく河野さんに「あなたたちは発信が足りない。もっと発信をしなさい」と言われてたんだけど、SNSはいろんな問題を引き起こしがちと聞くので、何だかちょっと怖いから気をつけないと、と思ってしまいます。それと私は、カウンセリングというものが、広く人々に知らせる行為となじまないような感じをもっていて、発信をするとなると考えてしまうんです。クライエントの秘密を守ることと、自分が知ったこと、考えたことを発信するというのが自分の中でなじみにくいんだけど、今の若い人たちはSNSもすいすいと使いこなすし、私たちの時代ではなかったような発信をしてくれたらなと思います。

2019年東京大会への期待

小林―最後に、今回は実行委員長ですが、シンポジウム等にどんな期待をお持ちですか？

海渡―期待というか是恒さん、杉山さんともに私はお二人の書かれたものを読んだだけなので、どんな方なのかまだよくわかっていないんですが、人と人をつないでいくことがとても上手だなと感じてています。そしてそのつなぎ方に「CR」「AT」に似たものを感じています。そのあたりを聞けたら、その一点だけでも楽しみという感じがあります。また私は今の若い女性たちが何を感じていて、どんなことを考えているのかあまり知らないので、若いフェミニストとしての是恒さんが話されることにはとても関心があります。それと杉山さんですが、杉山さんは自分をフェミニストとは思っていないのだと感じるのですが、その杉山さんの中にフェミニスト的な要素を見つけられたらいいなと思っています。そして中川さんは自分のルームのメンバーです。是恒さん、杉山さんと

いう若い二人と、中川さんとがどのような世界を見せてくれるのか期待してます。若いフェミニストたちはフェミカンをどう思っているのか。つながることはできるのか。いろいろ考えると本当に楽しみです。

小林—理事を退任されてから、お会いすることも少なくなったのですが、今回は腰を据えてお話をうかがえてよかったです。昔の資料でフェミニストカウンセリングが研究連絡会発足当時から「性差に捕らわれることなく」と言っていたことを知り、改めてフェミニストカウンセリングはすごいなと思いました。多様性という言葉も随分以前から登場していますし、本当に先進的だったのだと思います。またお話から長い期間着実な積み重ねをしてきたのだということも感じることができました。またお話の中で、何にでも関心を持つ、好奇心旺盛な海渡さんを見て、若さの秘訣を教えてもらったような感じがしています。長い時間ありがとうございました。

（文責　加藤伊都子）

| 注 | ※①　日本フェミニストカウンセリング研究連絡会：現在のフェミニストカウンセリング学会の前身。1993年10月、初のフェミニストカウンセリング全国大会で結成が決議され、1994年正式発足。2001年に日本フェミニストカウンセリング学会に改組 |

※①　日本フェミニストカウンセリング研究連絡会：現在のフェミニストカウンセリング学会の前身。1993年10月、初のフェミニストカウンセリング全国大会で結成が決議され、1994年正式発足。2001年に日本フェミニストカウンセリング学会に改組

※②　河野貴代美：日本にフェミニストカウンセリングを持ち込み、最初のフェミニストカウンセリングルーム「フェミニストセラピィ “なかま”」を創設。1993年にフェミニストカウンセリングの全国組織、「日本フェミニストカウンセリング研究連絡会」の創設を呼びかける。1993年〜2006年まで研究連絡会及び日本フェミニストカウンセリング学会の代表をつとめる

※③　遠藤智子：ＮＰＯ法人全国女性シェルターネット。一般社団法人社会的包摂サポートセンター事務局長。日本フェミニストカウンセリング研究連絡会暫定運営委員。その後運営委員を務める。文中にある通り、「フェミニストセラピィ” なかま”」の講座修了生

※④　内山かおる：日本フェミニストカウンセリング研究連絡会暫定運営委員。2001年の学会への改組、2003年の特定非営利

活動法人化に尽力する。「フェミニストセラピィ"なかま"」講座修了生。2009年亡

※⑤フェミニストカウンセリング全国大会：1993年10月2日、3日の両日大阪市立大学杉本キャンパスで行われた最初のフェミニストカウンセリング大会。この席上、フェミニストカウンセリングの全国ネットワーク「日本フェミニストカウンセリング研究連絡会」が発足する

※⑥ 分科会「地方自治体女性センター相談業務の現状と課題」(日本フェミニストカウンセリング研究連絡会編フェミニストカウンセリング全国大会報告集 26頁)

※⑦足立区女性相談：文中にある通り、日本で最初のフェミニズムの視点での女性相談。詳しくは「相談事業こそ女性の問題の「現場」である！」(『女性施設ジャーナル④』118頁 1998年 学陽書房)参照

※⑧ 第1回フェミニストカウンセリング全国大会1994 報告集

※⑨ 京大矢野事件：加害者名が明らかにされた最初のキャンパスセクハラ事件。関連図書に甲野乙子著『悔やむことも恥じることもなく―京大・矢野教授事件の告発』(解放出版社)

小野和子著『京大・矢野事件―キャンパス・セクハラ裁判の問うもの』(インパクト出版会)

※⑩シンポジウム「これからのフェミニズムの困難と希望 "ポスト"フェミニズムのポリティクス～フェミニズムの戦略に希望の萌芽は見いだせるのか～」(フェミニストカウンセリング研究2004vol.3 94頁)

※⑪ フェミニストカウンセラー協会：認定フェミニストカウンセラー、認定フェミニストカウンセリング・アドヴォケイターのネットワーク団体。情報交換、研修、共同研究などを行っている。

※⑫ 認定フェミニストカウンセラー：特定非営利活動法人日本フェミニストカウンセリング学会が認定する資格。詳しくは日本フェミニストカウンセリング学会ホームページhttp://n.nfc505.com/?cid=7を参照

※⑬ シンポジウム「フェミニストカウンセリングの未来に向けた実践～多様性・個別性を結ぶ役割とは～」(第5回東京大会フェミニストカウンセリング全国大会2006報告1頁)

注

※⑭　新水社：女性の視点、ジェンダーの視点で書かれた書籍を数多く出版・刊行。『フェミニストカウンセリング研究』vol.1～vol.15の他、フェミニストカウンセリング関連の書籍を多数発行。2018年12月代表取締役社長村上克江さんが亡くなる

※⑮　ワークショップ報告「フェミニストカウンセラー―資格認定の必要性 をめぐって」(第 4 回札幌大会フェミニストカウンセリング全国大会1997 報告集 108 頁)

※⑯　分科会「フェミニストカウンセリングのゆくえ―第一回教育訓練をふまえて―」報告（第5回大阪・堺大会フェミニストカウンセリング全国大会報告集　112頁）

※⑰　分科会「FC研の現状と課題」報告（第6回徳島大会フェミニストカウンセリング全国大会報告集118頁）

※⑱　分科会「資格とフェミニストカウンセリング」報告（第7回千葉大会フェミニストカウンセリング全国大会　30頁）

※⑲　ふぇみん：女性が作るNGO「婦人民主クラブ」が月3回発行する新聞

※⑳　『週刊SPA！』抗議署名：2018年12月『週刊SPA！』に掲載された記事「ヤレる女子大学生RANKING」に対する抗議署名活動

※㉑　シールズ：自由と民主主義のための学生緊急行動　Students Emergency Action for Liberal Democracy - s、の略称 SEALDs

主婦としてフェミニズムの時代を生きる

石川　千鶴子

はじめに

　おかしいとか生きにくいとかを当事者として感じたことがあっただろうか？「フェミニストカウンセリング研究vol15」の鎌田華乃子さんインタビュー（P48-64）を読んで、はたと考え、記憶を思い起こしてみた。

　かなり積極的に思うがまま生活してきたのだが、ふり返ると「そうだ、私は主婦なのだ。主婦であること自体が疑問やモヤモヤの根幹であったのだ」と気がついた。かつての私はそれなりに一生懸命生きていた。しかし、当事者感覚が鈍かったのだ、とつくづく思う。

　20世紀の後半から現在に至る時代を「フェミニズムの時代」といわれるが、その時代と並行して歩んだ自分の足跡をたどってみようと思う。私の生活圏である地方都市（静岡市）との関わりの中で。

社会への関心の芽

　私は地元の大学教育学部で音楽の教員を目指していた。当時、社会は勤務評定問題や道徳教育導入などで騒然としていた。それらは私たち学部生にとって無視しては通れない課題であり、吸い寄せられるように教育科学研究会に入部した。そこでは音楽の仲間からは得られなかった学習を得て、学生運動も経験した。あのころは、「フェミニズム」という言葉も知らなかった。

転身

　1960年に卒業し、山地の中学に赴任した。世の中は、政治の世界や学生運動等安保闘争を頂点とし、喧騒を増していた。僻地の私にとってそれは遠いものとなり、生徒と共に日々の学習に向き合う生活になっていった。転勤後6年間の教員生活を、個人的な理由を含め熟慮の末、退職した。

　主婦になったのだ。周りは老いも若きも女性は主婦ばかり。しかし、私自身は主婦という感覚は全く無かった。必要と思っていた経済的自立も充分ではないが、音楽教室や自宅でのピアノ教師で通すことができ、最優先であった子育

てに時間を使うことができた。高度経済成長の始まりのころである。

　今思えば、退職については自分自身で決めた選択と強く思っていたが、実は、社会の要求する女性の姿へと、無意識のうちに滑り込んでいたのだ。「性別役割分業」そのものの中に。

子育ての中で

　私の地域には市や民間の女性たちが主催する講座がいくつかあった。三歳児スクール、子どもの本を読む会、中学生のお母さんスクール等、それらは、子の成長と共に親の成長を望む私にとって、うれしい環境であった。

　その頃、ふと頭をよぎったのは（各土地の育児の女性史を知りたいな）ということだった。それは、後に女性史を学ぶきっかけになった。

　PTA活動も、バラエティに富んだ内容を考えたり、ボランティアで乳児院での手伝い、弱視者のための拡大図書作り等で、人間関係も多様になっていった。

　充実した生活ではあったが、ふと立ち止まると不安に陥るようになる。「このままでは息子たちが成長すれば、私自身の居場所は無くなってしまうのでは」という恐れの感情に取りつかれた。これこそが、主婦の当事者感覚だったのだ。

　1975年「国際婦人年女性会議」がメキシコで開かれ、地域の女性が一人参加したことを知る。でも、それは私にとっては、まだ遠くで鳴る鐘の音にすぎなかった。しかし、その音の大きくなる土壌は、この地にも存在していたのだ。種々雑多の女性グループの活動である。公民館に群れ集まるこの主婦たちを、当時私は勝手に言葉は悪いが（吹き溜まりの落ち葉）と形容していた。しかし、それは（宝の堆肥）であり、いつか大きな実をつけるであろうと。

　自分自身の足場を定めなければならない。私は、本当になにがやりたいのか？「子どもか女性に関わることを」と感じていたのだ。

二つの重要なポイント

　1980年河野貴代美さんの講演会を新聞で知る。「フェミニストカウンセリング」（FC）「これだ！」と喜んだのもつかの間、私の人生の出発点ともなった大きな行事と重なってしまい、気持ちを膨らませたまま、長い棚上げとなってしまった。

　女性の時代といわれる80年代に向け、県は「家庭婦人海外派遣」の企画を進めていた。実施第2回に、私は参加することになった。地域作りの推進力となる女性を育成する目的で、欧米5カ国23日間（ホームステイ2か所を含む）の研修である。事前事後研修も力の入ったもので、私は、県の先進性に驚きと感謝

の気持ちをもったものだ。

　ドイツでの初交流の場での先方の発言が忘れられない。「女性の団体なのにどうして団長が男性なのだ？」頭をガンと打たれた想いは私ばかりではなかった。20人の女性メンバーに、5人の指導員と団長は、みな男性。確かに不思議な光景だ。当然と思って慣れてきた当時の多くの日本人……。

　学校や地域で活躍する多くの女性たち、ホームステイで出会った夫婦のあり方、ボランティアの人々の働き方等、参考になることや課題等、たくさんの研修成果を持ち帰った。そして、最後に心に残る団長のことば「自分の専門となるものを持ちなさい」は、私の耳に長く響いていた。この研修は、私にとって、人生を歩むためのガソリンのようなものになった。また、身近な所からの変革を望む私には、家族、先ず夫を、巻き込んで行くスタートにもなった。

学びと多様な体験

　海外研修の翌年、静岡県立女子大学（現静岡県立大学）で、女性学の公開講座が始まった。5年間で50回。水田珠江氏の「女性解放思想の流れ」に始まった講義から、私の身体は学びの心地良さに膨れ上がっていった。女性史あり、フェミニズムについてあり…… 最先端の講師陣から受けた恩恵は、どれほど大きかったことか。

　海外研修の事後活動も各地での報告会をはじめ、市のいくつかの審議会委員をさせていただき、多くの男性の中での発言をするという、新しい経験も得られた。

　まさに「女性の社会進出」の始まりをじかに感じた。しり込みをしていられない出来事もふりかかってきた。「海外研修をしてきたんでしょ。じゃー」と言われんばかりに、小学校のPTA会長役をおおせつかった。女性初のプレッシャーにも「もう全力投球でやるしかない」と覚悟を決めて1年を終えたが、ここでは「100万円無いと務まらないよ。女には無理」と、男性からの嫌がらせもあり、本当に子どものためになる活動に、女性がどのように関わっていくかを考えるきっかけとなった。なんと忙しい、しかし有意義な数年であったことか。

　考えてみれば、これらの体験は全てインプットと受け身だ。ため込むだけでは意味がない。インプットからアウトプットへの思いが強くなる。

女性の力結集・活動拠点の建設へ

　世界女性会議も3回目となり「女性差別撤廃条約」「男女雇用機会均等法」等

69

国内法の整備も進み、当地でも、女性の向上を意識する女性が多くなってきた。

　私たちが多くのグループを何とか力のあるものにしたい、と考えていた矢先、市役所内にも変化の兆しがあった。市制100周年を迎えるのに女性の係長すら存在しない現状に、一男性職員の尽力で女性職員の登用と女性政策係を実現させた。役所内では「女性の地位向上と権利の拡大」の考え方は四面楚歌だったという。登用された女性は、私たちと共に女性団体の交流組織「しずおか女性の会」を立ち上げた。まさに、官民一体となって社会を変革する一歩に、私も参画したという誇りを持てたのだ。

　「先ずは活動拠点となる場が欲しい」と市長と対話する会を開き、会館建設プロジェクトチームを立ち上げ、手弁当で各地の女性会館を見学してまわった。講師を依頼し勉強会を重ね、青写真も整い、「さて！」という時に、女性たちが未経験の落とし穴に遭遇する。県と市の対立の餌食とでもいうのであろうか……。水泡と帰した会館は、その後、大変な時期を経て公民館と併設という形で実現はした。

フェミニストカウンセリングの道へ

　私は女性の会活動の途中で母子に関わる電話相談の仕事を得て、運動と仕事をやりくりしながら数日を送った。母親からの相談内容は、子どもの事がほとんどではあるが、私の胸には「母親自身の問題に対応しなければならない」という気持ちがこみ上げていた。

　女性会館相談室に移ったが、仲間や行政との問題が多かったものの、なんとか待望の東京通いでのFCの勉強ができたことは、大きな喜びだった。やっと女性と共に歩むことの下地ができ、個人での「女性のためのカウンセリングルームⅠ（アイ）」を開業するにいたった。地方での有料相談の難しさも実感したが、少しでもとことん関わり、力が湧いてくることを、共に喜べる体験をした。

　フェミニズム・ジェンダーの視点をもっての相談はその後の活動、学校（スクールカウンセラーとして）や、いのちの電話（研修の中で）でも役立ち、『フェミニズムは皆のもの』を実感した。

おわりに

　主婦（第3号被保険者）としてフェミニズムの時代を生きてきたけれど、「主婦の役割」からは、かなり解放されていたと思う。誰もが平等に差別されず生きていける社会になるのはまだまだ長い年月がかかることだろう。フェミニズム思想や運動が必要なくなるのは、いつ……？

　私の歩いてきた道は、若い人たちからみれば今では当然のことが多いだろう。彼女たちは、変化する時代の新しい課題に、挑戦しなければならないだろう。

　私は80歳になった。若い人たちに期待しつつ、この先もライフワークとして、少しでもFCに関わって生きていきたいと思っている。

　　　　　いしかわ　ちづこ（女性のためのカウンセリングルームI）

『ブラックボックス』

伊藤詩織　著
(文芸春秋, 2017年)

中川浩子

2017年秋からアメリカやヨーロッパで盛んになった「#Me Too」では、著名人や一般人の女性が自らのセクハラ被害を実名で告発した。このことは筆者を含め多くの人々をエンパワーしたし、セクハラの認識を身近で新しいものにした。日本にも「#Me Too」の波はやってきたが、「#Me Too」と告発する女性を非難しさらに追いつめるような社会の闇(つまり「ブラックボックス」)も同時に浮き彫りになったと感じる。世界経済フォーラムのジェンダーギャップ指数110位（2018年）の日本なのだと思い知らされる。筆者はフェミニストカウンセラーとして性被害を「合意の上」や「法的に問題なし」とされてしまった多くの女性に会ってきた。本書は、性暴力をブラックボックスに葬り、なかったことにしてしまう日本社会のシステムの問題を明らかにしている。著者・伊藤詩織さんが自らの性暴力被害の経験を

綴ったものであり、実名と顔を公表しての出版である。このことで、伊藤さんは安全、キャリア、家族、友だち…多くをリスクにかけたと思うが、この本はとても力強いものになったと感じる。本を手に取った人は、性暴力をオープンに語れる社会にしたいという伊藤さんの思いを受け取るだろう。ここでは、まず、読み手が、伊藤さんが経験したこと、見たこと、聞いたこと、感じたことから目を逸らすことなく、伊藤さんの立ち位置から追体験することが大切なのではないか。

本書を読み進める中で、日本社会は社会に出ていこうとする女性——特に若くて力とやる気のある——をとことん痛めつける社会なのだと、痛感した。まず、ジャーナリスト志望の伊藤さんは元ＴＢＳ記者山口氏（当時ワシントン支局長）にニューヨークで出会い、就職の相談に乗ってもらうが、信頼し尊敬していた山

口氏から性暴力を受ける。伊藤さんは夢をもってアメリカに留学し、苦学生をしながらジャーナリズム界への就職の機会を狙っていた。その中で出会ったのがジャーナリストとしてサクセスフルなキャリアをもつ山口氏だった。これから世の中に出ようという伊藤さんの力になるふりをして性的に利用したこと、そのことに事前の同意を得ることも謝罪することもしないことに、そして、そういう性暴力が裁判にかけられることもないままであることに怒りと恐ろしさを感じる。なぜなら、私たちは伊藤さんと地続きの場所で生きているからである。同じような経験は筆者にもある。なぜ、ジャスティスがこんなにも遠いのだろう。

　仕事で大学生と対話をすることが多い筆者は、「#Me Too」にいち早く反応する人にたくさん出会った。学生たちは、自分たちそれぞれの「#Me Too」のストーリーをもっていた。しかし、そんな中にもTwitter上で「#Me Too」を叫ぶことの怖さに圧倒され、沈黙する自分に落胆する人もいた。彼女たちの落胆は彼女たち自身ではなく、「#Me Too」を押さえつけようとする社会に向けられるべきなのに。

　「あなたは、どう考えるだろうか。」本文の最後に伊藤さんは読書に投げかけている。この理不尽な状況をどのように変えていくことができるのか。フェミニストカウンセラーの立場から考えると、「#Me Too」に対してできることが少ない私たちの実践にも多くの課題があることに気づかざるを得ない。被害に遭った直後の伊藤さんは、警察に相談しても大丈夫なのか、モーニングアフターピルをすぐに処方してもらうにはどこの病院に行けばよいのかを知りたかったが、支援を求めた機関で二次加害的対応をされて気力がなくなる体験をしている。その間に、被害の証拠保全に必要な血液検査やDNA採取のタイミングも奪われてしまった。フェミニストカウンセリングや多くの女性団体が取り組んできた性暴力被害者への支援がここで役に立つことはなかった理由を考えなくてはならない。深夜でも、どんなところにいても、緊急時に本人がすぐに使える情報提供をしなくてはいけない。「詳細は専門家にご相談下さい」などでは、いざという時には間に合わない。

　重要なのは、性暴力被害者を「被害者」という立場に固定しない支援ではないだろうか。「被害者」である以前に生活を営む一人の人であり、人間関係や仕事もある。「被害者」は過去も未来もある「生活者」だということを時として支援者は忘れがちではないだろうか。伊藤さんは事件の後、記憶が飛び飛びになるほどの激しいショックの中、仕事を失う

不安や、家族を心配させてしまう不安と抱えて一人で懸命に「いつもの自分」を保とうと立っていた。しかし、これまでに積み重ねてきた生活を守ろうとする「強さ」が支援者の描く「被害者」像に当てはまらない場合には既存の支援システムが起動しないという問題はないだろうか。例えば、伊藤さんはジャーナリズムの世界でのキャリアのビジョンを明確にもっていて、筆者の受け止めでは、伊藤さんにとってキャリアのプライオリティは高い。それは事件の前後で変化しない。警察や相談機関などに相談することによって、相談機関が伊藤さんが今どうすべきかを決めてしまい、伊藤さんが望まない方向——例えば、伊藤さんにとってのキャリアの重要性を過小評価したような——で問題解決を進めてしまうことを伊藤さんは警戒したかもしれない。こういった行き違いは女性支援の現場では起こるという実感がある。筆者が関わる仕事の一つにDV被害女性をシェルターに保護する活動がある。被害女性は警察などに被害を訴え緊急保護されるが、よく話を聞くと、「助けてもらう身なので『はい』と言ってしまったが、本当はシェルターに入りたくなかった」という人が少なからずいる。シェルターに入ると、被害女性本人は仕事を諦めることや、引っ越し、友達など頼りになる人との連絡の切断、子どもは転校などを余儀なくされるのが通常である。そんな話を聞くにつれ、なぜ暴力を振るう人が生活を継続し、暴力を振るわれた被害者がこんなに多くを失うのか、これが支援なのかと無力感におそわれる。「被害者」の立場になった人が既存のルートに則って支援を受けるためには生活の多くを諦めなくてはならない。この不公正なシステムを批判的に見る姿勢が支援する側に必要だ。「被害者」は自分を守るための判断力が弱くなっているという見立てを、現場では本人不在で行いがちだが、「被害者」の意志が一番大事だ。それがない支援は形を変えた「支配」になってしまう。

被害女性への支援システムがより被害者の「生活」を重視した形、つまり女性のリアルな経験や希望をまっすぐに受け止めて、より当事者主体へと変わることが必要だ。フェミニストカウンセリングはその経験や希望の聴き取りという点で役に立つ知見をもっている。その知見を使って、支援システムに潜む「二次加害」や「支配」を告発し、変革していくという使命を改めて確認したように感じている。

なかがわひろこ（フェミニストセラピィ "なかま"、フェミニストカウンセラー、臨床心理士、公認心理師）

『日本のフェミニズム since 1886　性の戦い編』5

北原みのり　責任編集
（河出書房新社　2017年）

小林 久美

　編集責任者である北原みのりは、本書を「性の戦いをしてきた女性運動についての本」という。この差別ある社会に対して怒り、それぞれの現場で進行形で戦う女性6人と、日本初の女性団体であり廃娼運動を行った「東京基督教婦人矯風会」をたちあげた1886年の後130年にわたり性の戦いをした女性20人を紹介し、その他コラムやインタビュー、エッセイ等で構成する。

　冒頭、「フェミニズムとは、女の悔しさと祈りが生んだ思想です」という北原の言葉ではじまる。じわりとしっくりきた。当事者であり痛みを感じて戦ってきた女たちの言葉とその歴史から「フェミニズム」と出会える一冊だ。

　戦う一人目、政治学者の三浦まりは、『日本のフェミニズム―女性たちの運動を振り返る』を語る。三浦は「性差別主義者でなければ皆フェミニスト」と間口の広い定義をした。それは「フェミニストへの偏見をなくし、何が性差別に当たるのかに関して社会的議論を喚起したい」という思いからだ。私自身、クライエントとしてフェミニストカウンセラーに出会うまで差別を差別として意識しなかった。感じないふり、諦めや無関心という加担をしたことは今も「わたしはフェミニスト」とは言いづらいものにつながる。三浦は「暮らしの中で直面する理不尽さは、決して一人だけで抱え込むべきものではなく、多くの女性にとって共通する問題」であり、「フェミニズムと出会っていくことで、自分の経験を整理して理解する手がかりを得ることができ、また変革していく勇気も得られる」と述べ、フェミニズムとの出会いが、孤立から連帯へ、そして社会改革につながると示唆する。実際、女性が集まり経験を語る場が増えていることを、SNS上で発信さ

れる情報から、例えば、ゆる・ふぇみカフェなどの活動からも身近に機会が得られることを感じた。

　本書の副題に「性の戦い編」とある。三浦は、「フェミニズム運動において女性への性暴力は常に大きいテーマだった」として、日本のフェミニズム運動の原点として、公娼制度の廃止を求める運動、廃娼運動をあげ、二人目の小野沢あかね『廃娼運動―はじめての性の戦い』にバトンをつなげる。日本では、政府公認の人身売買による売春制度が昭和初期まで続いていた。小野沢は、国の公娼制度の一番大きな問題点に、国として「人身売買の禁止、社会福祉の充実や女性職業の拡大によって女性たちが別の方法で生きていける道をこそ模索すべきだったのに、日本国家は女性の身売りを放置し、それどころか公認する公娼制度を維持し続けた」と国の女性政策の問題をあげた。そこには「女性が身売りを強いられている構造を『自由意志』という言葉で隠蔽するこのやり方」があり、それは過去のことでなく「援助交際」「JKビジネス」などをあげて「性売買や性暴力が行なわれているにもかかわらず、その事実を隠蔽し、曖昧化する言葉は、その後も次々と作られ、現在でも世の中にあふれている」という。日本軍「慰安婦」問題でも「性暴力からかけはなれた

『慰安』という言葉」が使われ、日本の歴史教科書から言葉そのものが削除されてきた。気づかない、知らないことはなかったことにされる怖さを感じた。それは、性暴力被害者が声をあげにくい性差別の構造が変わらないことにつながると思った。しかし、日本軍「慰安婦」問題では、1990年代以降、「被害当事者」の告発が続き、被害者を支援する運動とともに「性の戦い」が始まっていた。

　同じく、被害当事者の声、相談から、2015年「AV出演強要」とネーミングされて可視化された問題がある。七人目のソーシャルワーカー・宮本節子が『AVの中の性暴力を告発する』で、ポルノと性暴力を考える会（PAPS）を立ち上げた経緯やその相談活動から、「女性への性暴力そのものが商業化される現状」を問題提起した。

　三人目、婦人保護施設慈愛寮・前施設長の細金和子は『売春防止法―性の搾取から女性を守りたい』のなかで、「売春防止法が60余年変わらずきたことにも、女性の人権と性がどう扱われてきたか表れています」と指摘する。例えば、児童や障害者にかかわる法律は、日本が子どもの権利条約や障害者権利条約に批准後に何度も改正された。一方、性暴力に関する刑法は昨年110年ぶりの改正であり、その扱いには差があった。

また「売春防止法によってつくられた婦人保護事業の中で、（略）複合的な困難を抱え不安定な環境の中で多くの権利を奪われたまま放置されている女性たちを支援するためには、売春防止法ではもう間に合わない」と述べる。この状況に対して、本当に女性の人権を擁護する法律「女性自立支援法（仮称）」の必要性を訴える声が支援現場からも高まり、国は婦人保護事業の見直しの検討をはじめた。

北原は、「売春防止法は1956年に成立しましたが、その後も男性が安全に気軽に性を買える文化は全く変わっていません」という。この現状が子どもたちに及ぼす影響を、女子高生サポーターcolabo代表、仁藤夢乃がコラム『「買われた」少女たちを支援する』で伝える。「援助交際」や「パパ活」など時代で名前を変えて存在する「買春」がある。仁藤は、「日本では、児童買春について『援助交際』という言葉で、大人から少女への援助であるかのように語られ続けていました。しかし、そこにあるのは暴力と支配関係です」と述べ、売る側の個人的な問題と語られる社会に対し、「買春」する側の問題を指摘する。Colaboとつながる女の子たちが、児童買春の実態を「自分たちの言葉で伝えたい」と立ち上がり、「私たちは『買われた』展」を企画し日本各地で開催した。「来場アンケートでは、売春せざるを得ない状況を生き抜いてきた女性たちから「私も同じ」という声が300件ほど届きました」という反響があった。静岡の会場でも教育関係者や子どもたちが訪れていた。＃MeToo運動は、被害当事者が孤立からつながりへ、＃WeToo「私たちも行動する」連帯の力となり社会を変えるものになりうると感じた。

四人目、法学者の谷口真由美は『リプロ運動—女性の身体にまつわる権利』で、「女性たちの性と生殖は国家権力、そして家父長制のなかで管理対象」とされた歴史を語る。「産む性」をもつ女性にとって重要なテーマであり、今、子どもたちに行われる性教育に影響を及ぼす問題だ。先輩フェミニストたちに続き、「『私のからだは私のもの』という闘い」は、「いまのフェミニストが取り組むべき課題であり、シスターフッドといえるのではないでしょうか」と述べる。

六人目の北原みのりが『性の自己決定権をめぐる80年代の戦い』を語る。北原は「フェミニストの性の戦いは、性の自己決定権を取り戻す戦い」であり、それは「貧しさゆえに売られることなく、国のために売られることなく、国のために産むことも、堕ろすこともせず、したくないことをしたくないと言っても暴力を振るわれず、したいことを安心して

伝えられる。性の自己決定とは、女がこの社会を、性で脅かされることなく生きていける権利です」という。女たちは、人としての権利が尊重されないとき、おかしいと怒りを感じられただろうか。感じて安心して「YES」「NO」を自己主張できないことは人権問題だ。

　五人目のノンフィクションライター・沢部ひとみが『レズビアン運動史—女が生きる女』で「特にこれまで社会的発言権が弱く、沈黙しがちだったLにとって、運動はまず自らの感情・欲求に気づくことから始まります」と伝えた。運動は、差別や偏見があること、受けたものたちの思いからはじまり、社会の、私たちの問題であることを教えてくれる。
　北原は「諦めずに考えていくこと

でしか未来は拓けない。そのことを、女性たちの運動は、いまを生きる私たちに教えてくれます」と結ぶ。黙るのではなく傍観するのでもなく感じて諦めずに考え行動する選択があると希望をもらう。コラムで古橋綾が、韓国で日本軍「慰安婦」の被害当事者である「金学順の勇気によって多くの女性たちが自分のことを語れるようになりました」と一人の告発から連帯し運動につながったと語る。＃MeToo運動はいつの時代にもあった。その声はなんのために発せられたのか、その意味をきちんと受けとめ、女が語り継ぐことで歴史はまた次の世代のなかに残り生きていく。本書で語られる女性運動の歴史は、これからの「性の戦い」について考える道筋と勇気を得られる本だった。

こばやし　くみ（NPO法人Safety First静岡　精神保健福祉士・公認心理師）

福岡大会（2018年）記録

シンポジウム

分科会

ワークショップ

ジェンダーと暴力

2018年5月26日（土）　於　福岡県男女共同参画センター「あすばる」

シンポジスト（発言順）
北原みのり（作家、「ラブピースクラブ」代表）
椹木京子（NPO法人　博多ウィメンズカウンセリング）
富永桂子（福岡大学,久留米大学大学院非常勤講師／NPO法人ジェンダー平等福岡市民の会理事長）
コーディネーター
本多玲子（ぐるうぷ：NO!セクシュアル・ハラスメント）

本多：日本フェミニストカウンセリング学会全国大会イン福岡シンポジウム「ジェンダーと暴力」を始めます。私はコーディネーターを務めます認定フェミニストカウンセラーの本多玲子です。「No！セクシュアルハラスメント」といって、日本で初めての福岡セクハラ裁判支援の会から立ち上がったグループのメンバーです。本日のテーマは「ジェンダーと暴力」、フェミニストカウンセリング学会の基本となる大事なテーマです。シンポジストの方をまず紹介させていただきます。作家でラブピースクラブの代表の北原みのりさん、大学講師で「NPO法人ジェンダー平等福岡市民の会」理事長の富永桂子さん、「博多ウィメングカウンセリング」の椹木京子さんです。

　まず北原さんからは「自己責任、自己決定という名の暴力性」についてお話しいただきます。続いて富永桂子さんからは、2011年に福岡女性学研究会編の「性別役割分業は暴力である」という本を出されていてこれをテーマにお話をいただきます。そして椹木京子さんからは「相談の現場から見えるジェンダーと暴力」というテーマについてお話をいただきます。

北原：今日は福岡に招いていただいてありがとうございます。ちょうど30年前に福岡でセクハラ裁判があって勝ったこの土地で「ジェンダーと暴力」というタイトルでシンポジウムを行うのですね。この30年間いったい何が変わったのかとテレビや新聞のニュースを見ていると感じるような日々ですけれども、今日私が話したいのは、自己責任、自己決定というところで女たちが何を強いられているのか、皆さんと一緒に考える時間にしたいと思っています。「日本そのものが暴力？」と思われる時代にですが3人それぞれが違うテーマで「ジェンダーと暴力」について考えていくことになります。#MeToo運動の広がりは日本は小さいと言われていますが、若者たちも頑張っていろんな集会をしているのを見聞きします。そんな中、先日東京で4月28日に「私は黙らない」とい

う街頭でのイベントが行われました。You Tubeなどで広まっているので見た方・参加した方もいらっしゃるかもしれませんが、新宿のアルタ前、まさに歌舞伎町の入口のところで12人の方がスピーチしました。若者を中心に、中にはシールズの人たちもいらっしゃってかなりインパクトのあるスピーチがいっぱいありました。例えば女性であることで受ける視線や暴力に明確に「No」と言うのだと、若い女性たちが私が10代や20代の時とまったく同じような痛みを変わらず持っているんだなと突き付けられました。レイプ被害を受けた女性が「私は好きな格好をする。それはあなたへの招待状ではない」、「私は商品、陳列されたものではないのだ」ということを大きな声で伝えていて「私は黙らない」という意思を強く感じました。その中でちょっと私が立ち止まってしまうような発言があったので紹介します。その方は性の仕事をしている女性で#MeTooの中で彼女はこのような発言をしていました。「選択して、自分で決めて性のサービスをしている人のことをセックスワーカーと言います。労働です、だからワークです。性的なコミュニケーションを仕事にしているんです。セックスワーカーは物ではありません。セックスワークは暴力を受けることが仕事ではありません」。その後彼女が言っていたのは、「『そんな仕事やめなよ』」と彼女に同情の、上から目線で声をかけてくる人の言葉も暴力なのだ、価値を押し付けてくる暴力なのだ」という話でした。その後に全員で「セックスワークは労働だ」と、ちょっとカッコよく、シールズっぽく「セックスワークは労働だ」とノリノリでそれを結構長い間人が行き来する中で歌舞伎町に向かってシュプレヒコールのように言っていました。「私たちは仕事は労働なのだ、好きにされていいのではない、私たちの仕事を認めない力こそが敵なのだ、暴力なのだ」という叫び。私はその声を聞いてしばらく止まったんですね。考えなきゃいけないな、見つめなきゃいけないなと思いました。

　私自身は、性売買産業は性差別構造の象徴的なものだと思っているし、性差別の中での再生産される暴力、搾取だと認識しています。ほとんどが搾取構造の中で起こっていると思っています。ただこういった当事者の思い、彼女の思いを否定せず「私たちは黙らない」という声の中で、新しい世代のフェミニストたちの考えるセックスワーク、性風俗のことをも考えなければいけないと思いました。今日は性暴力、性搾取に対して自己決定であり主体的にやっているんだ、私たちは能動的な主体なんだという女性たちの声をフェミニストたちがどう理論化して運動として発展できるのかを考えるよう話もできたらいいと思っています。性の問題はそんなにすっきりと語れることではない。だけどももっとも語りにくいことがこの性売買、風俗に関する今の日本の現状じゃない

かと思っています。セックスワーク論というのは80年代後半にアメリカの性産業に関わる女性たちが「私たちは警察に好きにされたり、暴力を受けたりしていい存在ではない」と声を上げた。そして90年代に日本でも「セックスワーク」という本がパンドラ社から出版されたことが一つの大きな転機でした。私もあの本を読んで非常に衝撃を受けました。性売買を労働として社会が認めることが女性の安全を守り、主体性を損なわない。人に言えない仕事ではなくて人に言える仕事として尊重されることがスティグマから解放され、性産業で働く女性の健康や命を守るという考え方に、私もすごく揺さぶられた記憶があります。それまで性産業で働く女性というのは、何かしらの問題、貧困や暴力などさまざまな問題を抱えていて、支援が必要な立場の女性たちであるとフェミニストたちは闘ってきたと思うんですけども、労働を主体的に選んでいると言われた時にどのように保護できるのかと突き付けられたと思うんです。私自身もその言葉を聞いた時に、このセックスワーク論はセックスワークを肯定するものというよりも、それまでのフェミニズムの長い理論構築を深め考察するような機会になると思いました。法や労働の面からも性産業について語らなくてはいけないという気づきがありました。

　私自身は「ラブピースクラブ」という会社をやっているんですけども、それも90年代に自分の性的自己決定で、女性の主体的な性の欲望というものをきちんと安全に表現できるような仕事をしたいという思いで始めたものでした。女性が作るセックスグッズや女性が作るポルノを女性が供給して女性が消費する、そういったことがビジネスとして経済的に回っていったら面白いなと思ったのです。基本的には女の人が性的な自己決定をとるということがどれだけ尊い価値観なのか、どれだけ望むべき必要な価値観なのかということは自分の中にすごくありました。セックスワーク論が出てから四半世紀、20年以上経て、本当に「セックスワークは労働だ」ということが今の日本の社会で女性の人権やセクシュアリティの上できちんとした議論になってきたでしょうか。むしろ自己決定や主体的という言葉がいいように使われて、非常に厳しい自己責任という冷たい言葉になって、冷酷な状況に女の人を押し込めているんじゃないでしょうか。AVの強要問題やJKビジネスといった性産業の落とし穴に若い世代の女の人たちがどんどん追い込まれていく現実があるのではないでしょうか。もちろん私たちは体を売っているのではなくサービスを売っているのだ、これは労働だという女性のリアルもある。だけどセックスワーカーの人たちも全員が同じ状況ではない。その中でセックスワーク—私はセックスワークという言葉はやはりつかえなくて、性売買っていうんですけども—その性売買の本質に

ついてどのように考えていけるんだろうってことを#MeTooから考えています。すごく難しいと思うのは性売買を批判するフェミニストは、私のようなフェミニストはすごく道徳的な保守的なフェミニストだと言われるんです。家父長制の中でお父さんが、「お前は帰りが遅いから門限作る」とかいうような、貞操観念の延長で女性を守る保護主義の男性たちと性売買を批判する女性たちは結果的に求めているものは同じだというレッテル貼りをされてしまう。そして当事者からはフェミニストこそがそこで生きる人々の生存権や労働の権利を奪うとフェミニストを名乗るセックスワーク論者から批判される。変な二項対立ができている状況です。でもそこで私たちが全然語っていないのは、需要している、そして供給しているほとんどが男だという状況。そこに全く目を向けずに当事者をセックスワークと呼ぶのか、性搾取と呼ぶのかといった言葉のネーミングにこだわったりしています。当事者の話を聞くのも大事な観点ではあるけれども、結局無傷なのは買春する男たちというこの構造からいつ抜けるのだろうと思います。日本の歴史や社会の何がこんなに性売買を支えているのか、世界はどうなのかっていうことをきちんと見ていかなくてはならないなと思っています。

　今、世の中的にはアムネスティもそうですけど、性暴力を犯罪化していて、そこで働く女性たちを安全なところに導きましょうというのが世の中のリベラルな流れのように思っている人が多いと思います。日本の性売買、売春防止法は非常に古臭い、確かに古臭いものだと批判する人もいますが、性売買について世界的な流れを言うと合法化している国、非犯罪化している国がすごく多いわけではない。例えばドイツ、オランダ、オーストラリアの一部、アメリカのラスベガス、オーストラリアは合法化の地域なんです。例えば私は仕事でよくドイツに行くことがあって、先日性風俗、性売買のお店に取材に行くことができました。ドイツって政府が合法化したのが2000年代ですが、女性が政府に登録しなくてはいけないわけです。それで仕事として認めて登録、労働として守られるのですが、実際に行われているのは人身売買やマフィアが絡むような性産業というのとまったく変わらない。私が行ったお店もオーナーは女性ですが、「この仕事が息子に言えないけれども、でもこの仕事をしているからと貶められるような社会は間違っている」と言っていました。なぜ性産業にこのようなスティグマを与えられるのか、一方でそこで働いている女性たちとしゃべってみるとやっぱり薬漬けのようであったり、東欧やアフリカから来た女性であったり、そこに格差や貧困や人種、権力というものが見えてしまっている。その中で世の中の流れでフランスもドイツも合法化してきたとはいえ、女性の人権

や環境が良くなっているとは言えない。買春者処罰の方向に向かってきている。ドイツの性売買の現場にいて面白かったのが、いろんな国の人が来るのだそうです。アメリカ人は自分のことを病気のように扱って「本当に体洗ったのか」って30分くらいお風呂に入らせる。日本人っていうのは「はいはいはい」ってなんでも言うことを聞くから楽なのよねと。威張らないし日本の男の人は、自分がやることは自ら率先して時間もちゃんと5分でお風呂に入ってという具合で。通い慣れてるということだなと思いました。面白かったのはスウェーデンの男性はずっと脅えているらしい。なぜかというと、スウェーデンでは1980年代後半に買春者処罰の法案ができて「ここ本当に警察来ないんですか？」「大丈夫ですか」とずっと最後まで脅えながら帰っていくのだそうです。教育や法律って意味があるなと。このように買春する側がこんなに脅えるって国と、慣れてるとか全く罪悪感がない国があって、私たちの社会のジェンダーっていうのを見せつけられたような感じがしました。性売買って一言でいうと、太古からある仕事なのだって言うんですけども、やはり日本の中での特殊性や私たちが培ってしまった文化で、明治以降特に公娼制度廃止から慰安婦問題につなげ、戦後GHQが止めろというまで公娼制度を手放さずに、1950年代の売春防止法。市川房江さんたちが悲願で、本当に必死で野次に負けずに勝ち取った売春防止法の後も風営法などで男性が安心して買えるようなものを全く手放さなかった。80年代90年代に松井やよりさんたちが告発したように、男の人が海外に行った時に現地を開発してビジネスしていく一方で、女の人を買う、買春ツアーっていうのが当たり前のようにやられていく。日本の戦後も戦前も女の性を搾取することで発展してきた、そういう文化、そういう国を許してきたとこなんだと文化や歴史を見ると改めて突き付けられます。ここ福岡も風俗がありますよね。同じように東京でも毎日歩いていると渋谷とか新宿とか池袋とか大きな駅のところでは、「高収入アルバイトあります」っていうトラックが走っているのに必ず出会います。「高収入アルバイト」それが何を意味するかははっきりとは書いてないけれども、誰も知っている。そういう日常で、気軽なアルバイトの延長として「若いなら売れる」、「女なら売れる」、「売っといたほうが楽」だよって気軽なメッセージが、今の若い女の子たちの環境には30年前よりもずっと当たり前のようにあるのではないか。そして望むか望まないにかかわらず貧困に陥ってしまうような状況では、時間が短くてある程度稼げる性産業に入っていくということが現実に起きてしまいます。だから私たちフェミニストが小さい声で「性産業は暴力だ」って言っても性産業が身近にあるような状況にあると思います。だけどもセックスワーカー論、労働だっていう時にどっかやっぱ進

歩的に見えちゃうじゃないですか。労働主体的な能動性をフェミニズムっぽく聞こえる。だけどこれ、やはり自分の体を自分の好きなように主体的に好きに活用できるのだ、それが資本主義の中で経済の中で商品としてパーツとしてコミュニケーションとしてサービスとして提供できると、経済的な観点からも資本主義の観点からもすごく肯定している考え方だと思うのです。そういった資本主義や自分の体をパーツ化していく、ジェンダーやセクシュアリティの問題にすごく無自覚な状況で、そこにある権力問題を追及しないセックスワーカー論と言うのは、私たちフェミニストたちが闘ってきた、そして用心深く批判してきたものになっているのではないかなと思います。フェミニズムっていうのは、そういう女の中の階級や格差にセンシティブでありたいと願っている。私たち一人一人が違う存在だし、性風俗で働いている存在もすべて同じではないし、一人一人がすべて違う、体験も違う、だけど常に生々しく起こっていて、進化して言葉を放ちながら女の人たちと手を離さないという思想が闘いなのではないかなと思います。フェミニストの中でも性売買を否定するフェミニストと硬直するフェミニスト対立みたいな二項、分裂を乗り越えて、性の自己決定や性的主体をどういう意味でフェミニストたちが使ってきたのか、言葉を取り戻すことがすごく大事なんじゃないかと思います。

　『日本のフェミニズム』という本を去年の年末に出しました。これは性の闘いの歴史の起点を青鞜ではなくて、その前の1886年の矯風会の設立に置きました。矯風会というのは日本で初めて女性だけで作った団体です。会長は矢嶋楫子さんという九州の方ですよね。そのフェミニストの矢嶋楫子さん達の矯風会というのは、先ほど1990年代のセックスワーカー論が出てきた時には「キリスト教のおばさまたちの保守的な運動」、「上から目線ですごく傲慢」とすごく批判されたと思います。私自身もそのように矯風会に少し偏見を持っていましたけれども、やはり明治時代の1886年、明治19年、日本の憲法ができて帝国議会ができる前夜、その時代って日本の近代化がいよいよ始まろうとするのだと女たちも希望を持って生きようとした。だけども実際に近代化で一番最初に排除されていたのは女たちだった。人権もなく夫が妻を殺しても何も言えない、そして夫は何人もの妾を持っていいという一夫多妻制があって、こういう中で一夫一婦制でいたいっていう、性売買してほしくない、私たちは公娼制度に入っている女性たちを上から目線で見るのではなく、私たち女の痛みとして助けるという運動だったとわかって、もちろん戦中には太平洋戦争の時には戦時協力して批判がある中でも、彼女たちが何を目指そうとしてきたのかというと、やはり性と闘う、女の尊厳を求める、自分たちの主体的な性の尊厳を守る闘いだっ

たんだなと思うのです。この矢嶋楫子さんたちの闘いが市原房江さんたちの参政権運動につながり、そして戦後の売春防止法につながりました。だけども今どこにつながってるのか段々見えなくなってしまっています。改めてこの古くてでも常に私たちのどこかで痛み続けているような性産業を丸ごと抱えながら、男の人は問わない。こういった文化に対して告発していくのがフェミニズムの力だしやらなきゃいけない使命だと思います。

　最近韓国にツアーで行ったり、慰安婦問題関連で行ったりしますが、韓国には日本の爪痕がとてもたくさん残っています。日本が海外に行ってまず何をしてきたのかということが残っているのですが、特に日本が最初に行った釜山で日本がまず作ったのが遊郭と神社でした。遊郭と神社ってすごいですね、考えることが。男にとって必要なものはシンボルである神社であり、自分たちを癒して遊ぶ遊郭だった。そこで例えば海岸とか、海水浴場を作る。海水浴場の入り口のところが今もある遊郭街ですね。となると明治時代のお父さんたちが家族と一緒に昼間は海水浴場に行って帰りには「ここでね」と別れた景色が浮かんできて愕然とする。やはり80年代とか70年代の時はすごい日本の観光客、男性たちがとんでもない数行っていて、でもそれが今韓国の中ではだんだん減ってきて衰退してきている。もちろんインターネット上やさまざまところで性暴力や性売買がなくなったわけではないけれども、そういう見える遊郭などに対してフェミニストたちが本当に声を上げて変えようとしている。そういう現実があります。例えば私は何年か前に群山という町があるのですが、そこもやはり遊郭街がたくさん残っていて、そのまま米軍のための遊郭、性売買の場所になって、その後韓国の性売買の場所になっている。そういった場所を何とかしなくてはとフェミニストたちが闘いました。そこで働いている女性たちの職業支援などなどしながらしていますと言ったのが5年前ですかね。まだ風俗街は元気にやっていて、私たちが昼間に歩く時にガラス窓の通りをものすごく申し訳ない気持ちになりながら歩きましたが、文在寅になってやっぱちょっと空気が変わってフェミニズムの声が出せるようになっている。この間行ったら性売買の場所も端っこと端っこと真ん中というすごくいい場所を市が買い取っていました。市が買い取ってそこをフェミニストたちの団体に貸していて、そこでフェミニストたちが展示会、ギャラリーとして公開していた。そして中で何が行われていたのかを他の人たちが知って町に公園とかを作って、「私たちはあなたたちを忘れません」と碑を作っていた。そういうふうなことが起こっていた。中に入っていくと一日中ピンクの照明の中で暮らしていた女たちがいたとか、本当は学校に行きたかったけどもいろんな状況でそこに行かざるを得な

かったんですよ。女たちの人生とかいろんなことが見えてきて、そこで学びこれはどのような状況でこのような仕事が成り立っていたのか、性産業を成り立たせていたのかというようなことを考える場になっている。これ吉原などに置き換えられないかなと思いました。それほど政治家もフェミニストもこの問題にどのように取り組んでいいか、あまりにも大きな産業でわからなくなってしまっている。だけども隣の韓国でできていることがあるということが私にとっての大きなパワーになった。だけどなぜそれができたのかということを考えた時に慰安婦問題というのはとても外せないと思います。91年に金さんが声を上げられて、彼女たちがやったことというのは、まず最初に国際社会に声を上げていって、韓国社会を変えていって、しかも韓国政府のことも訴えながら、人権意識、女性に対する人権意識を変えていった。だから今韓国で例えばピョンチャンオリンピックの時ってハルモニ達が公式の場所に呼ばれるわけです。公式の場所に呼ばれるってことは、私たち社会はあなたたちを尊敬していますという社会としてのアピールなわけです。慰安婦問題の女性たちが運動家として人権活動家として社会から尊敬するべき存在だというような認識が深まっていったのです。

　一方日本は95年の北京女性会議にたくさんの女性たちが行ったりとかあったけれども、それから25年どうなっていったかというと、2000年のバックラッシュが強かったし、安部みたいな政治家が、むしろ慰安婦問題を忘れるべきだと言っていて、麻生のような人が、名前を上げればきりがないセクハラを肯定するような、全く分かっていない社会になってしまっている。91年からの韓国と日本のこの開きは絶望するくらい深い。でも諦めずに新しい世代に声を届けていくために、自分自身もどこに向かって歩いているのか迷わないための言葉をやっぱりフェミニスト同士で考えていくのではないかと思っています。

富永：皆さんこんにちは、富永です。先ほどご紹介されました『性別役割分業は暴力である』を出しました「福岡女性学研究会」、これと日本のウーマンリブとちょうど結びついておりますので、そのあたりからお話しさせていただきたいと思います。」

　ちょうど1959年に筑豊でウーマンリブの先駆けとされる森崎和江さん、河野信子さんたちが発起人となって『無名通信』という薄っぺらい冊子を出しております。その『無名通信』の名称は女にかぶせられた呼び名、妻とか母とかこれを返上しますということです。その中の最初の原稿が「道徳のお化けを退治する」というタイトルで、何をそこで言おうとされているかといいますと、性

別役割分業を内面化した女、これを批判するという立場で原稿が書かれております。ちょうどその時に女子学生であった創立メンバー、その人たちが『無名通信』の読者であり、また河野信子さんは大学の職員でした。大学でボーボワールの読書会をやっています。その読書会に参加していた女子学生であったということ。それから彼女たちが職を得て大学の教員になっていきます。その時に女性の職業に対する意識が保守的になってきているのではないかと高校生の娘を持つ親と娘との意識の違いということを調査研究したり、これが1972年、ちょうど田中美津さんの『フェミニズム宣言』『便所からの解放』、あそこにこの調査結果が出ています。その次の1974年に今は「福岡女性学研究会」、当時の名前は「福岡女性と職業研究会」が立ち上がっております。したがって「福岡女性学研究会」のテーマは一貫して、一つは女性がずっと仕事を継続していく条件づくり。どういうふうにしたら仕事を辞めずに一人の女として経済的に自立してやっていけるのか。もう一つは職業継続にとって大きなハードルとなる結婚、つまり結婚して家事や育児ということを引き受けざるを得なくて仕事を中断していく状況をクリアするために、パートナーである夫の家事や育児の分担をどのように実現していくか。結局『性別役割分業は暴力である』という名称の本になったわけです。男は世帯主として妻や子どもを扶養する存在で仕事にまい進し家庭のことは二の次にして会社のために24時間働ける存在であるとされ、実際の生活から疎外されていく現実があり、また女は家庭の責任者として仕事を持っていても家事や育児や介護を8-9割の女性がやらざるを得ない、やってきた。せっかく築いたキャリアをあきらめ、その途端彼女の経済的自立はできなくなるということは、労働権が阻害されることです。男にとっても女にとっても、『性別役割分業は暴力である』と名づけました。これは資本主義社会ではどこの国でも多少どこでもあることだと思います。

これに私は日本の特殊性をもう一つ付け加えたいと思います。相対的貧困層がどこにどのように存在しているかというデータが出あります。女の場合だと単身の高齢女性、それから母子世帯とそのお子さん、これが相対的貧困率の50％を占めております。日本のシングルマザーは8割も働いていて、こんなに働く国は日本だけです。他の国は就労支援という次の手を打っていますが、実際上日本はこれが当てはまらないくらいシングルマザーは働いている。じゃあなぜ貧困なのか、パート労働を二つ三つやりながら生活をして120万以下くらいです。そうした時給の安いパートにつかざるを得ず収入ということがなかなか増えていかないということがあります。もっと長時間労働すればいいかというと、子どもには親の目が必要だということもあります。子どもために夜遅く

まで働けない、となるとどうしてもパート労働を選ばざるを得ないのです。

それから日本は養育費がわずか2割しかとれていません。お隣の韓国は離婚届の時に、これを受理する前に養育費を取り決めないと離婚届は受理できません。アメリカだと免許証の停止とか、あるいはお父さんが働いているところの会社の賃金を母親の方に回すというようにして、養育費をきちんととるような制度ができております。日本は離婚届のところに養育費を話し合いましたかとチェック欄があって、そこにチェックするだけで受理されます。そうした形式的なことだけ初めてやっている。つまり逃げたが勝ちということが一つあります。もっといい賃金をというところで、北原さんのお話に結びついていくかと思います。

あともう一つ児童扶養手当が低い。しかも児童扶養手当を出す年収がだんだん下がっております。子どもをケアするための国の制度が整っていない。あれやこれやずっと考えますと、日本の国の姿が見えてきます。この国というのは男性に依存しない女性に対して制裁を加えているのではないかと思います。なぜ離婚したのかとか、なぜDVに耐えなかったのか、我慢ができないのか、わがままな女、といって稼ぎ手夫がいない女にペナルティを課しているように私は感じています。

先ほどの北原さんの話でも、風俗に今シングルマザーが多くて人気があるということですが、若い女性にとってやっぱりおしゃれとかしたいじゃないですか。子どもがいてもあんまり惨めに暮らしたくないじゃないですか。するとそれで儲けようという会社がおいしい食べ物を提供するわけです。うちに来られるとお子さんは夜でも預かります、それから病気でも預かりますよ、お母さんはきれいな恰好できますよ、また賃金はコンビニの10倍はもらえますよ、もっと言ったら20倍、人気が出たらもっともっともらえますよというおいしいメニューを出すわけですよね。追い詰められた人間がそこに行くこともあり得るのではないでしょうか。そういう若いシングルマザーがそういう風俗を選んで、あなたがそこを選んで暴力にあっても「そりゃああなたが選んだから自己責任よ」って言われるわけ。そういう立場に追い込んでおいて自己責任、たまったものではない。それが『性別役割分業は暴力である』という女の貧困というところに焦点を当てると浮かび上がってきますし、まさに国による大きな暴力ではないかなと思っております。

他方男の方を考えてみますと、これも日本的な特殊な問題が起こっております。つまり日本の男のアイデンティティ、「あなたは男だ」とされた場合、「俺は男だ」というのはどういうイメージかというと、バリバリ仕事ができる、仕

事＝男なんです。しかし会社をリストラされたりあるいは首になったり、男性といえども職業を継続できないいろんなアクシデントが出てきます。男性が自分のアイデンティティが根こそぎ壊れていくという事態に到達した時にどうなるのかというと、精神的に病んでいくということがありますし、それが高じると自死に至る。働き盛りの50代60代、そうした男性の自死の理由は経済的理由です。よその国ではそういう原因では死なない。男は仕事をして家族を養うのが当然だ、それが男だということを小さいうちから親の期待、周りの期待、家族の期待を込めて、がむしゃらに働き続けてきたわけですので、男性にとっても『性別役割分業は暴力である』ということで、こうした内容を書いております。

　ところで性別役割分業が今流動化しているというのは、よく例にとられる北欧です。日本と決定的に違うのは長時間労働がない。ほとんど残業をしないで家に早く帰る。5時くらいに帰る。日本の男性は平均時間、夜の8時です。時間的なゆとりがあるということは生活にも時間的にゆとりがある。ということは家での家事や育児を妻と夫がシェアできる。北欧といえども、家事や育児は妻の方に女性の方にたくさん負担がかかっている。そこで北欧はどういう制度変更をしたかというと、「パパクォーター」というのを作って強制的に男性に育児休暇をとらせた。3か月くらいとらせる。ということで女性の育児休暇とのバランスをはかっております。家事、育児、介護をシェアすることを法律によって男性に義務づける。しかしその条件は労働時間が短いということが前提条件です。今の働き方改革を見て、過労死が増えるんじゃないかと言っている人もおります。

　もう一つ、今20か国以上が同性結婚を認めるようになってきています。文字通り性別役割ということは同性のカップルではないですね。もうそのままです、同性同士ですから。性別ということは出てきません。同性カップルの中で家事や育児や介護というのはどういうふうになされているのかというアメリカの統計があります。ヘテロの異性夫婦と同性夫婦を比べた場合、異性夫婦よりも同性夫婦の方が圧倒的に共働きが多い。異性夫婦だとどうしても子育ては妻の方が負担する。しかし同性では子育てはお互いがシェアしているという統計があります。それから日本でもパートナーシップ宣言とか証書が出るようなところがありますし、福岡でも今年できております。そういうところでカップルになっている方たちは今どういう生活を送っているのか、実態的な記録が出ていますけれども、小雪さんとか。やっぱりちゃんとシェアしていると、レズビアンカップルの方が最強のカップルだというふうに自慢してあります。同性カップルが

増えてくると性別役割という言葉そのものがなくなり実態的に変わる可能性がなきにしもあらずです。

しかしここに大きな問題があります。利潤を追求する資本主義経済の中でそしてまたこれがグローバル化する中で性別役割分業によって非常に大きな利潤を稼いでいるのはいわゆる主婦パート的な労働です。家事や育児や介護などの再生産労働、これを無償にして妻に責任を持たせて、こういう再生産労働をやってるから一人前の労働者としての価値が低いと位置づけられて、労働市場の中では下層労働の身分におかれている。こうした新自由主義と言われる何でも商品になる世界において再生産労働を無償でやれるということがはたして解消できるか、ということがあるかと思います。

もう一つ、同性婚の今の傾向としてはほとんど新自由主義的な今の体制を支える、ファミリーとして彼らが同性婚を認めてほしいという運動をしていました。だから主要な同性婚推進団体にとっては、こうした今の資本主義を支える成人二人と子ども、養子か実子かの子どもと、ヘテロの異性愛のカップルと同じような核家族を目指してあるわけで、はたしてこうした再生産労働をどうするのか、同性婚でもどちらかに押し付けるか、あるいは香港とかシンガポールみたいに全部外注するか。お互いが分担して、しかもゆっくりエンジョイできるような短い労働時間を確保するのが一つの課題ではないかと思います。

■フェミニストカウンセリングとDV・性暴力

椹木：皆さんこんにちは。博多ウィメンズカウンセリングの椹木です。私の方は相談現場から見える「ジェンダーと暴力」ということでお話をさせていただこうと思います。相談現場からとか、フェミニストカウンセリングの中での「ジェンダーと暴力」というと、DVとか性暴力という話になってきますけども、今富永先生がお話をされたような社会的な背景とかも含めて私個人の話も交えながら、お話をさせていただきたいと思います。

私には男兄弟がいますが、男兄弟に対して同じように意見をすると親からいろいろ怒られる。「女の子が物を言っちゃいけない」、「女の子は静かにしとくもんだ」、と言われて育ちましたし、それに対して意見をしたり反抗したりするとまた批判をされたりして、その度に暴言を吐かれたりして、自責感を与えられたりしてきました。いつもそういう扱いを繰り返されていると、違和感や反感があっても段々めんどうくさくなって主張することも嫌になりました。

先ほど富永さんが、「性役割を内面化していった」と言われましたが、本当にその通りで、内面化して私は生きてきていたと思います。でもフェミニスト

カウンセリングを学び始めた時に、それまでに自分がとってきた行動や考えが実は自分のものではなかったのか？私が心の中で感じていたことが正しかったわけ？みたいな感じになりました。私を縛って生きづらくしていたものの正体が、ジェンダーとかフェミニズムを知ることですとんと落ちていったということがあります。その時から、自分にとって本当に自分らしく生きていける現実の世界を生きてこれたのではないか思います。

またフェミニストカウンセリングを学ぶうちに自分だけではなくて、周りを見渡してみると当たり前のようにみんなこの社会の中で生きていることを実感し、それと同時にこんな社会構造なんてありえないと思いました。学べば学ぶほど自分が女であることがとても悲しかったり、怒りが湧いてきたりしました。一方で同じ問題意識を持った人たちと繋がり、一緒に語り、学び、理解を深めることで自分自身の中で湧き上がってくる力を確認できたような気がします。

フェミニストカウンセリングを学んでいくとDV、性暴力というのは必ず出てきます。その過程で私にとって一番大きな影響があったのは慰安婦の問題でした。慰安婦の問題というのはフェミニストカウンセリングを学ぶ前は近寄ると叩かれるイメージでした。テレビの報道であれだけ慰安婦のことを叩いていて、そしてその番組を一緒に見ている父や祖父が「あんなことをして…」などと批判するのを傍で見て、幼いながらに私は「この問題に近寄るのは危険だ」と感じていたので、私はそこに足を踏み入れるということをしていなかったのです。ただ、フェミニストカウンセリングを学んで性暴力に向き合った時に、学べば学ぶほど深くて慰安婦の問題は外せないと思うようになりました。私のイメージですが、地下の深いところで今の私たちの性暴力の問題とつながっていると思いました。以前慰安婦問題を提起している集会に行ったことがありますが、その時に「慰安婦問題というのは戦時下の性暴力だけではなくて、今の私たちの性暴力の問題、生き方の問題に深いところでつながっている」と発言したら、「それは違う、そういうことを言うのはおかしい」と強く批判されて凹みました。それでも私はつながっていると思います。時代も違うし、状況も違う。ナショナリズムというものに巻き込まれて複雑な問題にはなっていると思いますが、やっぱり慰安婦問題というのは戦時下の性暴力だけど、戦時下だけの問題ではないと私は今もずっと思っています。

DVの中でみられる性暴力とかアダルトビデオとか、性売買とかそういうのにもつながっているし、私が一番似ているなと思っているのは、夫婦間性暴力です。結婚している、働く男たちを世話して、そして夜の性処理をするみたいな、そういうふうに言うと結婚していることが慰安婦問題とかぶっていやな気

持ちになられるかもしれないですけれど、何か構造が一緒だなと。そして私は
こうして歴史は続いていると思いました。歴史が続いていく中で、私たちは流
れている歴史の一点のここで生きていて、今までの歴史も全部引き受けて生き
ている。だからこの時代に生きている私たちはその歴史も感じながら、身体が
作られている、心が作られている、生きているのだなと感じるようになりまし
た。

　もし私がフェミニストカウンセリングに出会わず、ジェンダーやフェミニズ
ムという視点が私の中に入っていなかったら、こういうことに気づくことはな
かったと思っています。そんな私が今の相談現場で直面しているのは、ジェン
ダーの視点を持っていなければ、普通の問題、当たり前の問題、世の中よくあ
る問題としてしか扱われず、それこそ全然自分らしく生きられない、自己決定
のできない社会、その社会に流されている女性たちの抱える問題です。

　相談の現場で、女性にとってより暴力的な社会構造とか考え方が当たり前の
ようにあります。強かん神話とか家族神話とかが一杯あります。またそれを利
用して、女性を支配してコントロールしようとする力が、家庭の中、地域、社
会の中に働いています。その中で女性たちは翻弄されて生きていかなければな
らない現実がまだまだあると思っています。例えばDVの場合、すこし極端で
すけど、暴力夫から逃げても結局、差別的、暴力的な社会の中に放り出される。
それをわかって生きていくのか、それとも暴力夫の元に帰るのか、というよう
な選択をしないといけない。そして結局「どちらがましか」という感じの選択
しかなく、暴力夫の下へ帰っていったり、離婚したり。周囲の誰かに相談でき
てサポートしてくれると動きやすくなるのですが、それもできない人も少なか
らずいて、すごく無慈悲な社会の中で私たちは生きていると感じます。

　性暴力の場合、悪いのは加害者なのに強かん神話が社会に蔓延してしまって
います。加害者というのが容認されて、被害者が責任を負わされて苦しむとい
うように、DVであっても性暴力であっても社会の中にそういう仕組みがある。
相談者自身もそれがわかっていない。わかっていないのでその仕掛けにひっか
かって、自責感や罪悪感を抱えたり、恥の感情を押し付けられて誰にも相談で
きないということがあると思います。でもやはりジェンダーの視点を持つとそ
の仕掛けが見えてきます。社会の仕掛けというのが見えてくるので、ジェンダー
の視点を持って相談に臨むということはとても大切なことだと思います。相談
者自身が少しずつその仕掛けを理解することで、自分の力を取り戻していくこ
とができるんだという実感もあります。そういう状況がわかっている私たち
フェミニストカウンセリングだからこそ、社会にアプローチして社会を変えて

いくということができると思います。

　今の相談の現場にジェンダーの視点が全くない、たとえ女性相談であったとしてもジェンダーの視点が全くないというのはよく聞かれる話です。ジェンダーの視点を持たないということは、結果的には個人的にも社会的にも暴力の温存につながることだと私は思っています。これからのあらゆる場面で性暴力、性差別のない社会を目指すには、私たちはフェミニズムやジェンダーの視点をもっと大切にして、またそういう感覚をもっている人とつながって、いろんな場所から、ゆがんだ社会にアプローチして変革していくことがとても大切なことだと思っています。

本多：有難うございました。ここで椹木さんが一気に時間を短縮してくださったようでありがとうございます。

本多：今お三方から話していただいて、それぞれの話の中からさらに自分の話とつながるなとか、こういうあたりを聞いててこういうことを思ったんだけどという部分があったら、せっかくなのでここで共有して、深めていきたいと思います。気づいた方から是非どうぞ。北原さんいいですか。

北原：富永先生の『無名通信』の話が面白かったです。そういう思いで女と妻という名前を返上したかったという森崎和江さんの運動というのが、役割に縛られる暴力・制度の暴力との闘い、読んでみたいと思いました。あと、先ほど最後にあった同性愛者の結婚が、異性愛の性別役割を変える可能性というのはちょっと楽観的すぎるのではないかと私は思いました。というのは同性愛やカップルが性別役割分業に拘って、役割を分業する可能性もあるわけだし、また、LGBTとひとまとめに言われますけど、ゲイの男性たちの経済的な非常に有利な状況と、レズビアンカップルになった途端に貧困のカップルになっていくとか、そんなジェンダーとセクシュアリティの格差はLGBTの問題の中にもあります。東京で5月に大きなLGBTのイベントがあって私も90年代から関わってきたんですけども、今年ほどすごかったことないですよ。いろんな会社、ソフトバンクか、ニンテンドーか、大きな会社がぽんぽんスポンサーについてお金を出す。それはLBGTの人たちはお金になるということを社会が認識してきて、マーケットの対象として始まった広まりです。そこに本当に人権意識がどのくらいあるのか細かくみていかないといけないなと思いました。椹木さんのフェミニストカウンセリングに出会って人生変わったっていう人、本当に多い

です。やっぱり自分のもやもやに言葉を与えるという偉大さというか、そんなことを感じさせられました。

　私の今知っている慰安婦問題についてですが、なぜ今慰安婦問題が語らなければいけないのかということだと思うんですね。91年から慰安婦という言葉は、皆さん知っていたわけですね。だけどそこに被害者がいて声を上げ、しかも日本政府を訴えそれが戦時下の暴力だったんだと言ったのは91年の金正順さんの大きな大きな声だったわけです。その声をどう受け止めるかという違いが、日本と韓国でありました。その前に日本で声を上げた人はいなかったのかと言えばいたわけです。沖縄のぺ・ポンギさんもいましたし、千葉県の「かにた婦人の村」にいた城田すず子さんという方が中曽根元首相に手紙を書いています。「私はこんな思いをしてきた、私と一緒にいた女性たちはどうしているんだ、あの人たちの思いが頭から離れられないから、鎮魂の日を作ってくれ」と80年代にも鎮魂の日を「かにた婦人の家」にも作っていて。今振り返ると、天声人語とかTBSのラジオとかにどんどん出ている。でも私たち日本の社会はフェミニストも女性のシュチュワートさんの言葉も性暴力の問題、戦時下の性暴力の問題として引き受けて、言葉をつなぐことを80年代できなかったわけです。

　だけど91年の金正順さん、韓国の女性たちがなぜできたのか、どうしてここまで大きな流れをつくれたのかは学んでいかなければいけないし、今こそ性暴力や性に関してのずぶずぶな状況になっている日本社会において必要な学びではないかと思います。アジア女性基金に寄付したいと思ったけれど、そんなことするのはアジア女性基金問題で、非常にフェミニズムに政治的に問題が言われてしまった。非常に正しさということを求められた時に、自分がどう振る舞っていいかわからない。若かったなと思うのですが、黙ってしまった。慰安婦問題には積極的には関わらないで25年来たけれども、この国で慰安婦問題に関われないフェミニストなどあり得ないだろうと思ったのは、やはり2014年の橋元徹の発言でした。橋元徹もあの年大学生で金正順さんの言葉を聞いたはずです。自分と同い年の兵隊が戦争に行ってああゆう性の体験をして死んでいった人たちに対して、やはり慰安婦がいるのは当たり前だ、もっと風俗を活用しろといえる人が政治家という状況ってなんだろう。そこから慰安婦問題に改めて関わらなければいけないと関わった。元祖#MeTooですよね。彼女たちがどんな思いで声を上げてきたのか問ことに向き合わなければ行けないなと思っています。証言集を読むと非常につらい経験です。日本の証言集は全部出ていなくて、韓国で9冊韓国のが出ていて、訳されているのは2冊です。日本語で読める証言集は限られている。それを読んで思ったのは、金正順さんは慰安婦にさせられ

ている経験は、3ヵ月でその後彼女は逃げられたんです。一方ではシンドさんは、去年なくなりなりましたが、何年も慰安所にいました。金正順さんとシンドさんの語りはもちろん違う人だけど、被害の短い方の方が被害の記憶が鮮明だなということが分かりました。これはどういうことなんだろと考えさせられました。長さじゃないんだと。シンドさんは生き延びた。情報が全くない中で日本語を覚えて生き延びようとした。子どもを2人亡くして、夫も亡くして一人で生きてきて、敬虔なクリスチャンで私がこれを話すために生かされた、そういうふうに言って話してくださった。その言葉をどういうふうに引き受けて語り続けるのかということは、フェミニズムというか、私たちがしなければいけないことで、そう思うとフェミニズムって声なき声というか悔しさ、声に出せなかった、死者の声を聞く仕事でもあるなと思います。そういうようなところで私たちが慰安婦問題を語らなければいけないことを再確認させていただいてありがとうございました。

富永：日本とは男性の女性に対する性暴力、性搾取に対して寛容というか見逃すというかそういう国ではないかなとつくづく思います。福岡は強制性交の全国二番目です。ベスト5に九州が二つ入っています。性暴力を受けないために警察が貼っているポスターは、暗い道を若い女性が一人で歩くのは危ないっていうようなポスターで、女性が若くて夜一人でいるということは男の誘惑を挑発することとみなされていて、女に対して気をつけろという警告であり、加害者に対しての禁止とか警告とか、罰にすることをしたがらない傾向があると思っております。九州に性暴力が多いっていうことは一つにはやはり女性差別が強い土地柄だと思います。九州男児と言われているように、男が主で女は従う存在、従属する存在という伝統的な意識がまだまだ払しょくできていないし、女の方もお父さんに従っていればそれでいいとか、従う存在として作られている。女性自身が、そんなにしゃしゃりでなくてもと女性の方から聞こえる。もう一つ、福岡は炭鉱がたくさんあり、炭鉱の経営そのものが暴力的な搾取によって成り立っているのでそういう風土があるし、買春に対しても大目に見る。昔あったキーセン旅行を見逃したのではないかと思います。それを構造化しているものが「男の性欲というのは止められない」、「男が女を見て性的な暴力を加えるっていうのは男として自然じゃないか」と見る部分があるのではないかと思います。これは北原さんの本にもありますように、本能でもないし自然でもないと考えられます。国の侵略であれ、女に対する侵略であれ、そうしたものの一環というか、あるいは侵略に向けての肝試しというか、そういうわけで戦

時に使われてくるのではないかと思います。我々はどうすればいいのかと言うと、私は今あります売春防止法というのを買春禁止法に変えるべきだと思っております。売春ではなくて買春禁止法は北欧が制定して買春は悪いことだと男性の方に認識させるきっかけにもなって実際的には買春が減っているということと、それから潜在的な女性に対する性的な侵略というか暴力を引き止める、意識的にそれをしちゃいけないと意識づける動機づけにもなっております。

椹木：私は慰安婦問題とかいろんな問題に関わっている時に一番強く思ったのは性的自己決定権がどこにもないということでした。さきほど夫婦間の性暴力の話をしましたけれども、夫婦間の性暴力、夫婦間のセックスの中で本当に性的自己決定権をもってセックスをしている人はどれくらいいるのでしょうか。ある友達が、「夫は外で頑張って働いているんだから夜のお勤めは妻のお勤めよ」って言われて、夫婦間であってもそんなふうに女性の方がそういう意識を持っているってところがまず社会に汚染されてしまっている。恐ろしいと思いましたし、性的自己決定権を学校でも教えていない。私も恥ずかしながらフェミニストカウンセリングに会うまで性的自己決定権という言葉を知りませんでした。この性的自己決定権を自分に取り戻すっていうことがとても大切だと思うし、それを取り戻した時に初めて性暴力とかいろんな問題が見えてくるんじゃないかなっていうふうに思いました。

本多：椹木さんは私と同じ認定フェミニストカウンセラーなので椹木さんの発言に少しエールを送りたいのですが、私は椹木さんと違って生意気な娘で育って、うちの母は私のことで嘆いていました。私が「結婚なんかしたくない」「なんで結婚なんかしなくちゃいけないの」と20歳くらいの時に言うと、母は「普通の人にできることがなんであなたにはできないの？」って言って嘆きました。なので私はフェミニストカウンセリングを知る前からフェミニストになっていましたが、普通の人にできること、つまりこの性別役割分業のジェンダーの世界で生きることが私はやはり息苦しくて暴れていて。フェミニズムに出会って、なんだ私が変なのではなく、世の中の方が歪んでいるから普通の気持ちを持っている私が生きにくいのかとはっきりわかった時に目からうろこで、「あー、この人生生きていける」と思ったのを思い出しました。それともう一つ、私は1995年に北京の女性会議に行きました。年齢からみてここにいるたくさんの方が行かれたと思います。あの時にアジア女性基金、日本政府が政治決着を図って結果的に河野談話につながっていくのですが、日本から北京に行った女性が

アジア女性基金をどう捉えるかで割れました。あの時日本の女性たちが従軍慰安婦問題への政府の対応を巡って分断さた。そして先ほど北原さんが言われたセックスワーカー、フェミニスト的なセックスワーカーの人がこれは労働だって言う。そして性売買、性産業は差別だから止めなさいと言うフェミニストの女性たちがいて、ここでまた女性たちが分断されていくというのは絶対に何とかしたいと思いました。

【質疑応答】
北原：自己決定について、性産業に関する質問をたくさんいただいています。質問を読み上げます。性産業はジェンダーの非対称性がなければ生まれないものなので、性売買そのものを禁止すべきという意見に現実賛成です。一方で能動的な主体としての性売買従事者の存在をどう捉えたらよいか。

　本当にこれが難しくて#MeTooで発言された方の意思を否定せず、しかしこの社会が向かう方向はどちらがいいのかってことを考えた時 、私は性産業がこれ以上発展しないほうがいいと思っています。その過程に、セックス ワーカー論があればいいのではないかと認識しています。セックスワーカー論というのは、被害者で言葉の無かったとみられていた人たち、これは慰安婦問題ともつながると思います。けれども、言葉のない被害者だった女性たちが、「私たちが能動的に行った」というわけではないです。ただ、そこで生き延びた、そしてその被害を告発する、そしてそのことを自分の言葉で世の中に問うていく、主体的な存在になっていくわけです。そういった意味で誰にとっても主体性というのは奪われるものではないし、奪えるものでもない。だから彼女が「自分の仕事はコミュニケーションだ」ということに対して、私は否定しません。ただ、私は性売買が最終的には消えていけばいいなと思っている。そこに被害者が生まれ続けているから。セクシャリティやジェンダーや権力から生まれる産業であるならば、そこに対して批判的な視点を向け続けるとことを、私はフェミニストとしてやりたい。やらなければいけないことだと思っています。日本社会の性産業に私もずっといるわけです。ポルノ産業の人たちとも関わりがあったし、ポルノもAV も女性が作っていたものを何本も売っていたことがある。しかし、一昨年AV出演強要被害が出ましたが、男性が作るAVだけじゃなく女性が作る女性向けのAVでも被害者はいます。それでうちの店では日本のAVは売りませんと決めたけれど、それは被害者が声を上げた時点で社会が対応しなければいけないと思う。今、日本の社会でAVは表現の自由で、しかも文化でそれで食べている人がいる、AV女優が自己決定して表現していると

言う人の方の声が大きいような印象がしています。AV業界の第3者委員会は女性の自己決定を重要視していると言います。強制してはいけないから自己決定ですときれいな線が引かれているように見える。彼が言う自己決定というのは、契約をビデオでします。それは彼女が自分の手でサインしていることの証拠にしかならないと思いますが、ビデオが流れているところの空気とかカメラに映らない彼女のこころとか、そこまで行ってしまった過程に何があったのか、よく分からない説明のままサインして、あなたがAV女優にならなければ、撮影がダメになったお金とか払わされるとか、怒られたり。どこまでが自己決定でどこまでが強制なのかわからない、そこで搾取が行われている、それが性産業の強い現実です。

ファンタジーとわかっていて、AV女優はお金がたくさんもらえていい仕事です、表現の自由です、という声があるのはわかるけど、この性暴力に向き合うことだと思う。

次の質問は、セックスワーカーはそれが労働だと言っているが、心からそれを選んでいると思うかということですが、社会的な背景から選ばざるを得ない状況はないでしょうか。難しい問題です。ただ私がセックスワーカーは労働だと言い切る一方で、わたしが取材して見えている現実は、皆さんこの仕事に誇りをもっています、という人がほとんどです。やめたくてしょうがないと言う人には会わない。なぜ入ったかについてはスカウトされたということがほとんどです。今まで関わっていた人間関係が切れていたりすると、AV雑誌とかに出たりするとそこが自分の生きていく道だと、そこで一番になっていくことが生き方だと、社会と切り離されたセックス産業の中で生きていくという物語も与えられる。一方搾取で経営者側がもうかっている。座っている椅子がめちゃめちゃよくて、1脚30万ぐらいの椅子が20個ぐらいある。自分たちは女性の人権を考えて、きれいな場所で安全に仕事をしてもらうことを願っている。事務所もきれいにする、給料もちゃんと払う、性産業のクリーン化です。クリーンにすることで女性たちの安全を守ると言われているが、クリーンにするとはどういうことか、そこで消されている声を聞かなければいけなのではないかと思う。

ネットの情報をみていると心が苦しくなる。女の人の情報として身長、年齢、バスト、3サイズ、顔が出ていて、写真撮影していいか、洗わなくても行為ができるか、つばを飲めるか、とか一杯オプションがあって、今はネット時代なのですぐに口コミがつきます。アマゾンに口コミがつくような感じで完全な商品化が気軽に行われている。女の人だけでなく男の人も買春側として関わって

いるわけで、そういう情報が男の人にとってどういう影響を与えるのかということも考えたいと思います。

　私は性売買の問題は女の人だけが被害者だとは思ってなくて、男の人が性欲を抑えられない存在としてどんどん癒されるべき権利を持っている存在でしょうと国家・文化が支えている状況だと思っています。男の性も国家に利用される、と思うので男性のセクシャリティの問題だな、突き詰めればこれは男性のセクシュアリティの問題だなというふうに考えています。

富永：道徳が教科として評価されるようになっていることについてのご質問に答えます。教材の中には、いわゆる標準家族と言われる父は仕事、母は家にいて子どもの世話を　する家族の形が当たり前のように描かれ、母の仕事は金銭には換算できない無償といった考え方を、母の無償の愛というような綺麗な言葉で表現されていました。この社会でフェミニスはどのように何を伝えていかなければいけないかとお考えでしょうかということですけれど、まず実態として、このお父さんがいて、お母さんがいて、子どもが二人というのがよく家族の絵としてありますけれど、これが日本の実態ではないということを、まずは明らかにしなければと思います。今日本で一番多いのは核家族ではなく単身世帯です。お父さんが外で働いて、お母さんが家にいて無償の愛を注いでいるというタイプも2002年までで、それ以降は専業主婦がいる片働き家庭と共働き家庭が数的には逆転しています。日本政府がこの頃よく使うのが多様性ですよね。多様なものに対応できる社会をと言われておりますように、血縁の基づかない家族、SOGIと言われるいろんなセクシュアリティとかアイデンティティが数的に多い。多様な形態の家族が存在しているんだというまず実態的に道徳のテキストが示すようなものは架空であるということが言えると思います。

　今の安倍政権は、憲法を13条の個人の尊重をやめようという案ですよね。家族ぐるみの単位みたいなものなのか。今の日本の年金の問題だとか、あるいは保険の問題であるとかは個人と言いながら家族単位ですよね。配偶者控除を見ても家族単位。個人を主体とした税制、社会保障へと今の日本を変える方向性が必要ではないかと思います。個人としての生き方をお互い尊重するということが求められているし、そういう社会にしたいなと思っております。

榾木：私の方には、感想がきています。『セックスは毎回両者の合意が必要という言葉を知らなかった、DV　夫からは夫の性欲を満たすのが役目と言われ続け、拒否しようものなら徹底的に攻撃され、仕方なく同意するまで暴力は止ま

らなかった。このような被害者が非常に多いです』ということです。DV の相談に来られて一番初めに、「私、夫から性暴力を受けてます」と言う人は少ないです。こちらの方から性的な暴力とかありませんかと聞くと「あります」いう人が結構多いなと実感しています。日本では性が恥ずかしいことだ、言葉に出してはいけないという教育をされてきたと思うので、その性暴力があったとしてもすごく言いにくい。ノフスして暴力があるということが、よけい言いにくい現状があります。

明治民法の家族法の中で、妻は夫の所有物、家の所有物というような考え方が今でも残っています。1960 年代から今まで夫婦間の性暴力で有罪になった例は2件、3件とかしかなかったです。それも結婚が破綻している パターンでした。婚姻関係があってまだ一緒に住んでいてという場合の裁判は未だにない。日本はいわゆる 結婚 = 性行為、すべて同意したと考えられる。結婚したら性交の義務というのがあるので、性行為というのは相手から求められたらしないといけないものだ、と世の中には根づいています。性行為を拒否する権利は絶対あると思うのですが、明文化されていないがために性交するする義務がある、結婚したら誰が何と言おうと、性交しないといけない、それが夫婦だ、と思い込まされてしまっている人達が圧倒的に多いと思います。

友達とかに相談すると「あなたがその人を選んで結婚したんでしょ」と言われます。自己責任をそこで突きつけられる。でも恋愛やお見合い等で結婚したとしても、暴力を受けようと思って結婚したわけではない。結婚したからと言って性的自己決定権を相手に渡したわけではない。ただNOと言えない現状があると思いますが。しかしジェンダーの視点を持っていると段々その構造が見えてきます。私たちジェンダーの視点をもっているフェミニストカウンセリングが、その仕掛けを明らかにすることで、これまで女性が奪われてきた性的自己決定権やあらゆる力を取り戻すことができると思っています。

本多：性別役割分業は女性に対する差別、暴力だけではなく、男性に対しても暴力であるとの話がありました。性産業に女性だけではなく、実は男性も搾取されているのではないか。フェミニストカウンセリング学会ではありますが、両性に対する搾取、暴力、性の問題として、考えていかなければいけないと思ったところです。また、フェミニストの分断をどうやって避けていくのかというのは、私も一人のフェミニストとして、考えていきたいと思いました。

それから 性の尊厳、富永さんが憲法のところで言ってくださった個の尊重ですよね、こういう基本的な部分、大事な部分をきちんとベースにもっていな

いと、いろんな自己決定、自己責任という言葉のなかで、私たちが見失っていくことが一番怖いことかなとお三方のお話を聞きながら、最後に私が思ったところです。最後にメッセージをお三方からお伝えいただきたいと思います。

椹木：夫婦間の性暴力というのは慰安婦問題とすごく結びついていると思います。現在家族の夫婦の制度というのは、男性は外で戦う企業戦士、そしてそれを女性が家で世話をする、性処理をする。ほとんど構造は一緒じゃないかと思います。富永さんが言われたみたいに家族単位にするっていうことは、そういった構造を維持するということでもあると思うし、そこが怖いと思います。北原さんが言われた性産業 についてなんですけど、私の知り合いに性産業で働いている人がいて、その方は以前性産業を辞めて働いたことがあるそうです。そうすると非正規雇用で低賃金、そして低待遇です。1時間820 円 ～ 1000 円で、頑張って働いても一月に換算すると少額にしかならない。生活がカツカツになり、自由なお金もない。一方で性産業で働くと、努力するとすごく褒められて、変に自己尊重感が上がったような気持ちになってしまうし、収入も高い。同じ1時間働いても懐への入り具合が全然違うということが歴然としてある。その方は 性産業の中でも労働組合とかを作って、性病になる等のリスキーなことを減らすために会社と交渉し、契約して健康保険をつけてもらうなどのことを成立させていくなどされていて、「自分たちは性風俗の中で生き抜いている」と言われてます。そういうふうにして健康保険も作って一生懸命団体交渉もして生き抜いている人たちは誰にも自分の人生を否定されたくないと感じているのだろうと思いました。だからこの性風俗などでの労働の問題はこうですと言う決定打がないというか難しい問題であるという風に感じています。

富永：最後に、男については女のように育てろと言いたいです。男の子を持つ母親にインタビューした時、人間として男としてどーんと筋の通った些末なものは気にかけずに人 の大きな目標に向かって、このどんと一本の道を行くもの育てる。そのどんと行く目的の道は何なのかというと妻子を養うということなのですね。一家の長として食べさせるという道を行かせるという。小さい頃からこのような男の子の子育てをするので、男の子は高慢になります。やってもらって当たり前。そういうことを訓練されていく中で、表情が出てこない。表情をいろいろ変えることが男らしくないと言われる。冷静である、どんなに危ない場面、驚くような場面でも表情を変えるなと教えられ、養育される。すると人のことに配慮するということが苦手なってくる。あるいはあることに対

しての表情が出なくなる。いろんな感情を捉えて顔に出して喜怒哀楽というものを伝えていく方法、コミュニケーションが欠落する人間になる。例えば何故買春をするのはというと、性的に非常に耐え切れずというよりも、むしろ女性たちが自分を にこやかに迎えてくれて、そして話を聞いてくれて、好きな行為も容認してくれるというのもひとつあるのではないかなと思います。私は男の子は女の子を育てるように育ててほしいと思います。人に配慮をして、気付かっていろんなことに頭をめぐらして、なおかつ人とうまくコミュニケーションがとれるような訓練をしてほしい。よく、男女共同参画で女のリーダーを養成して女性のリーダーがいるところは敷居が低い。女性リーダーになると、公民館の館長とか、人の出入りが多くなってよく話ができる。それはやっぱり女性がそのような訓練のされ方をしていて、男と違ってコミュニケーションがうまくとれると一つ考えております。

　そして女に向かっては自尊感情を高めろと私は言いたい。日本は自尊感情を低めるというのが女性の美徳とされていますよね。慎み深い女、あるいは控えめな女、そういう一歩さがった女性は、例えばしゃしゃりでる女、出しゃばる女、そういうものよりも一等高い、上質は女と見られがちです。かつて妙子とか操とか、そういうふうな名前も付けられておりました。そういう中で育っていくと自ら引いていく。大学ぐらいまでは男よりも女の方ができるけれども、一般社会にでると一般社会の常識は男の常識です。男の常識で行くと一歩下がらないとうまく会社が回らないとか出てくる。セクハラが日常的にある世界ですので。そういうところで女性はしっかり自尊感情をもって、しっかり自分の意見も言って、いやなセックスはNOといえるよう女性に呼びかけたいと思います。フェミニズムの発展性もそういう風な方向性になってくれたらいいなと思います。

　それから、男と女両方に言いたいのは、今までのお話の中で、一つは小さい時から人権の教育とそして性教育を性に対して意識が出てく時を見計らってやっていく必要があると思います。北原さんの貢献は、非常に大きくリボリューションまでは言いませんけど、女が自由に性を語って、自由に性の喜びを知って、対等にやっていくというのは今まで日本ではなかった考えです。

北原：私は3日間でしたが、留置所に入れられました。自分のお店に飾っている女性器を模した作品が猥褻だと言われて。性を主体的に楽しもうといったけれど日本の社会はそうはなっていない。しかも幼児の性器を模したものはファンタジーだからとさまざまな所で、路面店で普通に売られている社会です。私

のお店においてあるものだけが、それが女性器のリアルなものだからということで逮捕された訳です。その時私は言葉がなくなって、どう闘っていったらいいのかなと。私は司法に性器は猥褻ではありませんということを認めてもらいたいとは思わなかった。一緒に私の逮捕の原因を作ったアーティストの方というのは、表現の自由というのをだけを言っているだけの人であって、フェミニズム的な視点はなく、ロリコンのポルノも同じように尊い、同じように表現の自由だという立場での闘いだった。いざ、国家、権力とどう闘うのかといった時に、女性器を見せるのがフェミニズムなのか、それがはたして女性の主体とかそこがやりたかったことなのか、すごく考えさせられる経験になりましたが、難しいなと思ったのは、フェミニストの方であっても反権力と言う時に、国家と闘うということが至上命令になってしまうと、表現の自由だけで女性器が猥褻であることは語れないのではないか、それを本当にプライベートだから見せたくない、むしろ裁判の時に証拠物件として出せと言われた時に、証拠物件として出される時に、全ての人の前に見せられることはそれを作った人にとってのプライバシーの侵害ではないかとか、いろんな複雑なことがあると思うのですが、いざ司法の言葉になると正義か悪か、罪か無罪かとかすごく簡単なことになってしまう。だから性売買の性的自己決定のこともそうで、なかなか難しい話なので25分では伝えきれませんが、禁止なのか合法なのか、強制なのか主体性があるのかとか、そういう二つの対立軸で話していっても、どこに議論が向かうかわからないです。でも今いる被害者に対してどういうようなことができるのか、どういうような語りができるのか、そして性売買がこんなに発展してしまった日本の、経済的なことや文化的なことや男性のセクシュアリティ、そういったことに対する言語を私たちがもっと自分たちで考えていかなければいけない、そのために今いろんな人が声をあげている状況ではないかというふうに思っています。

　一昨日だったか性搾取問題を考える会が、47年間やってきた会が今年皆さんの高齢化で閉じた。お疲れ様会に参加した時に93歳の女性がいて、長年、性暴力の問題と闘ってきた方が発言されていたのですが、「お尻を触った市長が辞任することになりました。本当にほっとしました。私の死んだ仲間たちもきっとお墓のなかで安心しています」と言った。私は目がうるうるしてしまって。私は狛江市の市長の辞任の仕方は最悪だなと思っていた。しかしお尻を触って何も咎められなかった時代が長かった中でやっぱり前を歩いてきた先輩たちが変えてきてくれて、少しずつでも希望はあると感じさせられたのです。

　でも一方で市長の記者会では「受け手がセクハラだと言うのなら認めざるを

得ない、勇気をもってハラスメントと主張されているのでハラスメントと認め謝罪したい」。聞いていてもやもやしたのは、私はやっていないと思っているけれども、そもそもそんな気持ちもないし、記憶もないけれど認めざるをえないと、まるで被害者のような言い方で辞任をするところです。そもそも被害者がセクハラだと思えばセクハラだと言うのはフェミニストたちが言ってきたこと。今なぜか男の意思というのが問われることなく、被害者の意思がそうなので時代の流れなので仕方がないので辞めますという形になっている。ここにフェミニストが培った考え方や言葉というのが変に盗まれていると思います。こういう「フェミニズム泥棒」というのが最近多発しているので私たちはそれに注意しながら生きていかなくてはならない。その背景には徹底的に人権感覚がない、特に女性への人権感覚が全くない社会を生きてきてしまったし、なかなか変えられなかった現実を見ながら、でも93歳の女性が墓場の中で安心している女性たちも一杯いるという思いも感じながら、フェミニストであることを次の世代につなげていければいいなと思いました。今日は本当にいい機会を与えていただいて、ありがとうございました。

本多：3人のシンポジストの方、本当にありがとうございました。後はこれを受け止めて私たちが日々、自分の中でしっかりと何をやっていくかということを、今日、明日考えていきたいと言う締めの言葉でこのシンポジウムを終わらせていただきたいと思います。

　最後まで本当にありがとうございました。お三方にもう一度大きな拍手をお願いします。

地域でフェミニストカウンセリングを実践すること

発題者　　　　　　　　　　コーディネーター兼発題者
横田文子　北山三緒　　　　久保恭子

1、分科会の目的

　我々、博多ウィメンズカウンセリング（以下HWC）は、地元で開催された長期連続のフェミニストカウンセラー養成講座を修了した有志により2006年に任意団体を立ち上げた。

　困難を伴いつつも、「地道に誠実に」を理念に活動を続け、行政から講座の委託を受けるまでに皆の力で成長を続けてきた。

　しかしながら、地域や相談現場では、根強いジェンダー規範があるにも関わらず、FCの視点が十分に生かされているとは言い難く、更に九州に於いては、FCに対する周知が十分とは言えない実情も抱えている。今回、団体やFCの周知を行うためにも、発題者から、FCやHWCとの出逢い等について話し、地域でFCや仲間づくりも視野に入れた団体の周知方法や実践、課題等を参加者と考えることを目的とした。

　（FC会員外に向け実施したFCの説明については省略する）

2、FCとの出逢い、課題等について　（横田文子）

　私とFCとの出会いは、良い母親像や妻役割という意識に縛られ、単独育児で半ばうつ状態だった頃、新聞の告知欄で見つけたFC基礎講座を受講したことによる。

　約1年間の受講後、4人で、2006年に女性や子どもの支援を行うための任意団体を立ち上げた。その頃はすでに様々な女性団体が活動していたので、私たち後発団体に対する風当たりは厳しいものがあった。また、心理的支援という活動内容が理解してもらいづらく、行政に於いても門前払いを受ける事も多かった。「地道に誠実に行こう」を合言葉に、広報活動や講座開催などを粘り強く続け、少しずつ信頼を得て、自治体の募集企画にも毎年通るようになった。2008年にNPO法人格を取得してからはネットワークが広がり、現在では女性や子どもへの暴力防止活動も全国の団体と連携をして行っている。

　心理的支援が中心であるため、外部から成果が見え辛く、理解を得るのも容易ではないが、企画講座の受講生などがエンパワメントされる姿や、個人的な問題だと思っていた事は実は社会の構造的な問題だったことに女性たちが気づいて自信や力を取り戻される様子を見ると、こちらも元気付けられる。

心理的支援とアドヴォケイトを連動させて、当事者女性の心理的回復と社会的回復を目標としているが、講座を開催する時や研修講師を担当する上で自己研鑽が常に必要となる。しかし、地方からFC学会の教育訓練への参加は、時間的にも金銭的にもそう簡単ではないのが実情だ。HWCでの活動はトップダウン式ではなく、全員で話し合いながら決めていくという方法をとっている。そのためにも、スタッフ一人ひとりが力を持っていることが大切で、繰り返しになるが、自己研鑽が欠かせない。

3、FCとの出逢い、課題等について （北山三緒）

FCとの出会いは、私自身が、専業主婦という性別役割分業に生き難さを感じて地元の女性講座や熊本のFC講座に参加したのが始まりである。

それから、FC講座終了生と活動を始めたが長くは続かなかった。差別的な女性の地位に対して、共に生きてきた経験の共有や、女性差別を共に闘うことの連帯感を得たり、新たな視点や方法から問題解決に取り組むことや自分の力を取り戻す場所であればよかったと思う。今にして思えば、活動の場が、シスターフッドではなく社会に対する怒りの矛先になっていたように感じている。暫くは、女性の組織に対する不信感が拭い切れず団体活動から離れた。その後、地元の講座終了生と子育て中の仲間でCRを始めた。摂食障害や性暴力の被害を安全に安心して話せる居場所になり、私自身もDV家庭で育った当事者ということを初めて自覚することが出来た。子ども虐待ホットラインに携わった際に、加害者である母親が、被害者としての回復の場を探していることの相談を受けた。また、医療関係の職場では、中絶や性感染症を繰り返す女性との出会いや、抗不安薬や睡眠導入剤を服用している背景に性暴力やDVがあり、女性への支援が必要だと改めて実感した。女性に起こっている出来事をジェンダーの視点で捉えるFCに再び関わりたいと思い、HWCに入会した。安全で安心できるシスターフッドを感じられるHWCだからこそ、活動を継続出来ている。

現在、女性の支援に携わるために、医療従事者から転職して自治体でも相談員をしている。女性相談は、ジェンダーやFCの視点で捉えることが必須事項であるが、充分に実践出来ているとは言えないと思う。

今後、HWCのスタッフとして、自分自身のスキルアップを図り活動を広げていきたい。また、団体を周知してもらうために、シスターフッド、パーソナル・イズ・ポリティカル、エンパワメントを柱とするFCの理論と実践について、地元や近郊の相談員研修や、更に、一般の方も受講しやすいFC講座を企画していきたい。

4、FCとの出逢い、課題等について　（久保恭子）

　平成19年頃、ある冊子のFCの文言が目に入り、女性相談には、また、自分自身にFCを学ぶことの必要性を漠然とだが感じた。学会に九州での大会開催予定を尋ねた。それがFCと学会との出逢いだった。同時期に学会所属ではない団体開催のFC講座を他県で受講しながら、平行してFC学会会員になり講座や全国大会に1人で参加をするようになった。受講していくうちに、私の両親の関係性の中で精神的に悩んでいた子ども時代、そして女性の生き方について考えるようになったきかっけが母であったこと等、自分の中のモヤモヤが少しづつ輪郭を表し、それらと向き合い整理出来る時間になっていることに気づかされた。その後、HWC主催養成講座を受講し、HWCのスタッフになった。やはり、FCの視点を持ち、共に活動が出来る仲間が出来たことはとても嬉しく心強かった。HWCでは企画書や資料作り等随分鍛えられ、自分の力になっていると感じる。

　一方、某自治体で相談員をしており同行支援も行っている。職場では、特にカウンセリングを行うことはうたっておらず、他の男女センター等にみられるカウンセリングに特化した相談枠は設けていない。なので、相談時にFCの視点での対応を心掛けている。また、相談員募集要項条件に、フェミニストカウンセラー資格は特にない。相談に関わる関係者が、FCの認識を持っていても、今大会への参加は少なく、FCに対する理解が浸透しているとは言い難い。私自身のFCを周知させる力不足でもある。更に、人事に於いては、そもそも相談室に対する理解が乏しいことを最近感じたことがあった。HWCの周知は勿論だが、行政の中における相談現場の位置づけをふまえてのFCの視点を持って相談を受けることや、FCの周知についても課題を感じている。

5、参加者からの感想

　FC会員や会員外など様々な立場からの参加者で、スタッフの友人とういう理由で参加して下さった方もいたが、何らかの支援に関わっている方々だった。

　FCの周知や会員を増やす方法として、FCを理解してもらうことは容易ではなく、学び理解してもらう必要がある、その為にも大変かもしれないが、養成講座等の企画が必要ではないか、それが周知にも繋がるという意見を頂いた。某女性支援団体の方からは、団体活動に至る経緯には、やはり自身の経験から性差別的な社会構造を感じたことが発端になったことが語られ、団体会員同士で、FCやジェンダーの視点について再確認をするために学習会を実施していること、活動を広げ団体の周知には、会員の意識を高めることや、行政からの

協力が大きいという意見が出た。常にジェンダーの視点というアンテナを持ち続けることの大切さや、FCの視点の必要性を痛感しているという複数の意見や、生きていく上で、女性のみならず男性にもFCの視点の大切さを分科会を通して感じたという感想も寄せられた。

6、まとめ

　今回の分科会では、参加者の一人ひとりが、女性の生き方や性差別的な社会を真摯に受け止め考えていることを感じさせられた。まさにシスターフッドを感じた瞬間だった。「ジェンダーの視点がない相談とはどういうものなのか」という質問に対する返答を行う中で、「Personal is Political」を理念とするFCについて、あらためてFC会員外の参加者にも周知する機会になったのではないかと思う。

　また、団体に属さずともFCの視点を持ち合わせた人が周囲にいることを知ることが出来、とても新鮮で心強かった。講座を企画してほしいという意見も頂き、我々に理解を示して貰えたことが心から有難かった。九州に於けるFCの発信元として、HWCの担う責務も同時に感じた。ただ、活動を行い、認知度をさらに高めていくには、FCの視点だけでなく、様々な知識を学び蓄えていくことが必要だと感じている。発題者其々の課題はまだ残っているが、今回、発題者同士の素直な考え気持ちを共有でき、今後の活動を共に行う上でも貴重な分科会だったと思う。今後も他スタッフを交えてCRを行いながら、自分自身と、皆と向き合い、且つ意識を高め合い、「地道に誠実に」の理念を忘れることなく、但し、気負いすぎずに活動を続けていきたいと思う。
参加下さった皆さんにお礼を申し上げます。

よこた　ふみこ（特定非営利活動法人博多ウィメンズカウンセリング）
きたやま　みお（特定非営利活動法人博多ウィメンズカウンセリング）
くぼ　きょうこ（特定非営利活動法人博多ウィメンズカウンセリング）

 **分科会 B**　「現在の日本のフェミニズム理論は？
そして、フェミカンの課題は？」

発題者　　　　　　　　　コーディネーター
井上摩耶子　相方未来　　井上摩耶子
執行照子

1、現在の日本のフェミニズムとフェミカンの課題（井上摩耶子）

　まず、現在の日本のフェミニズムについて考えたい。最近、「京都SARA」のカウンセリングで、20代の女子大生をはじめとする若い女性に出会うことが多くなったが、彼女たちと「フェミニズム」を話し合うことができない、フェミニズムという言葉さえも通じないことがある。しかし、今、アメリカでは「イケてる子は全員フェミニスト!」と言われるほど、若い女性の間で「第3波フェミニズム」が盛り上がっている。この差はなんだろう。日本のフェミニズムは、未だ「第2波フェミニズム」止まりであり、私たちのフェミカンも第2波フェミニズムを基盤にしている。ロクサーヌ・ゲイは『バッド・フェミニスト』において、「70年、80年代のフェミニズムは、白人、上流階級、高学歴、異性愛主義者のフェミニズムだった」と批判し、今やその考え方は「フェミニズム神話だ!」という。さらに、日本の現状をみると、この「第2波フェミニズム」さえも次世代の女性たちに届かなかったという問題がある。上野千鶴子・雨宮処凛の対談『世代の痛み――団塊ジュニアから団塊への質問状』において、雨宮は「この社会で生きて行くためには、女性差別をする男性を立てて生きていくほかない。女性差別が何とかできる問題であるはずはないと思い込んでいた」と語り、上野さんが愕然としている。

　「ちゃぶ台返し女子アクション」の鎌田華乃子さんは、このつながりがないという点を問題視し、「今、30代だけど下の世代につなげないといけないと思って活動している。また、上の世代からフェミニズムを押しつけられたくはない」という。私たちも第2波フェミニズム教育などをしないほうがいいのだろう（『フェミニストカウンセリング研究』2017年、vol.15 参照）。また、南田勝也（社会学者）によれば「今の若者文化は、「個」の主張から「協調」のモードへ」と変遷しているという。これは、フェミカンの「自己尊重」「自己主張」の主張に真っ向から抗する傾向であり、女性だけではなく男性の若者たちの問題でもある。

　ここで改めて「フェミカンの課題」が問われる。まだまだ家父長制や性別役割強制の強い日本においては、「第2波フェミニズム」の闘い方も有効であり、「東日本被災地女性支援」における支援活動において、私たちもその実効性を確信してきた。また、最近は男性によるフェミニズム研究、「特集・ぼくとフェミニズム」（『すばる』、2018年5月号）や加藤秀一『はじめてのジェンダー論』などもあり、今一度、フェミカンもじっくりとジェンダー論に取り組むのもいいのではないかと思う。

　私は「第3波フェミニズム」の骨子も「ダイバーシティ＆インクルージョン」（多様性と包括）——お互いの違いを認め、尊重し、理解し、認め、受け入れ、活かしあう、にあると思うので、フェミニズム・ナラティヴアプローチによって、多様なクライエントと共に「未だ語られなかった物語」の創造によって、「第3波フェミニズム」の盛り上がりを経験したいと思う。その一つの嬉しい実践例が、25歳の相方未来さんと私との出会いにあったのです。では、その彼女の発表をお楽しみください。

2.　平和運動とフェミニストカウンセリング（相方未来）

　報告者は、本分科会で、2018年に提出した修士論文「平和運動とフェミニストカウンセリング—脱軍事主義を目指すフェミニスト視点を持った平和運動の可能性—」の要旨と現在の研究テーマを接続した報告を行った。報告者の専攻は平和研究とジェンダー研究で、修士論文では「フェミニストカウンセリング（以下、FC）の概念を取り入れた平和運動とはどのようなものか」を明らかにし、またその運動の脱軍事化への可能性を探った。本研究ではヨハン・ガルトゥングの平和の定義を参考に、「平和運動」を「直接的な暴力である武力や強制力の行使およびそれらを可能にする制度・組織・設備に反対する運動」と定義した。

　本研究を行った動機は、それまで参加していた平和運動内で主に男性から女性に対する性暴力をはじめとした性差別を問題視したことである。これには報告者の個人的経験も関わっている。2016年にウィメンズカウンセリング京都を訪ねた際、平和運動内での性暴力に対して失望と強い怒りを感じていた。ここで井上摩耶子と出会い、FCを知るにつれて平和運動との接続の重要性を感じ、特にナラティヴ・アプローチとアドヴォケイト活動に着目するようになった。そこで、日本のFCの第一人者である井上へのインタビューから、FCの実践と平和運動の繋がりについて考察した。

　ガルトゥングは平和を「暴力の不在」と定義した。暴力を、行使主体のいる「直接的/個人的暴力」と行使主体のいない「間接的/構造的暴力」に類別し、それらの不在を「平和」とした（Galtung 1969）。その定義によれば、差別は構造的暴力の1つである。よって性差別を内包する男性中心の「平和」運動は矛盾を孕んでいるといえる。これに対し、フェミニスト平和研究者やフェミニスト活動家からの批判がなされてきた。特にフェミニスト平和教育研究者のベティ・リアドンは平和研究内部の性差別主義批判し、性差別と軍事主義—安全で秩序ある社会の維持のためには軍事的な価値と政策が重要であるとの考え—の密接な関係を指摘した（Reardon 1996）。

　報告者がナラティヴ・アプローチと平和運動の接続が重要だと感じた理由は、現在の男性中心の平和運動の言説は、「支配的言説」（ドミナント・ストーリー）だと考えたことである。平和運動が目指すべきは女性を含む周辺化された「弱い」人々を議論の

中心とした平和であると考え、未だ語られていない「平和」に関する女性視点の「もうひとつの物語」(オルタナティブ・ストーリー) が重要だと考えた。また、語られた物語を社会が理解するためにはアドヴォケイト活動も大切である。

　考察の結果、FCの概念を取り入れた平和運動とは、様々な立場の人びとの声や経験から生まれた価値観や物の見方を尊重し、さらにメンバー同士の互いの権力関係に敏感で、異なる立場でも対等な関係で共存できるものだろう。また、その平和運動は、性暴力を経験した女性をはじめ、様々な周縁にいた人びとの声や経験を軍事主義の仕組みと男性性とのつながりを理解するための価値あるものとして扱うだろう。そのような平和運動こそが、軍事主義や男性中心主義を突き放し、「弱さ」を持った人びとの生活の安全・安心・安定を中心とした平和や安全保障の在り方を目指していけるのではないだろうか。

3. 「性別二元論」とフェミニストカウンセリング（執行照子）

　報告者は子どもからカミングアウトされた後、セクシュアル・マイノリティの人権を守るための活動をしてきた。その経験なども踏まえて、「性別違和」やXジェンダーという視点から「性別二元論」に対して、そしてフェミニズムとの関連について問題提起したい。

　「性別違和」やXジェンダーを始め、セクシュアル・マイノリティの存在が徐々に知られるようになってきたが、「性別二元論」は性別が女性／男性の二つしかないというばかりでなく、誰を好きになるかという性指向においても異性愛しか認めていない。つまり、人は戸籍上の性別と一致した性自認をもち、異性愛者であり結婚し子どもを産み、家制度を維持し続けると規定している。その背景には出生数が減少すれば、少子化がさらに進み、国力の低下につながるという考えが見え隠れする。

　かつて日本のフェミニズムに対してバックラッシュ派は、「更衣室を同じにするのか」という批判をした。これに対して、フェミニズムは反性差別だったはずなのに、身体の性別は女性／男性の二つしかないと暗に肯定してしまった。「性別二元論」批判と反性差別批判を切り離してしまったことが失敗だったのではないか、セクシュアリティに関しての議論が熟成していなかったためではないかと言われている。

　フェミニズム批判をするバックラッシュ勢力とセクシュアル・マイノリティを排除しようとする勢力は同じであり、フェミニズムとセクシュアル・マイノリティを結びつけるものは「社会的弱者」というキーワードである。他にも性暴力被害者など差別や偏見をもたらすスティグマを背負わされる者も「社会的

弱者」となりうる。

　ではFCの「対象は誰なのか」という問いに対して、発達障害の当事者研究をされている綾屋紗月さんの講義（2018年FC学会教育訓練基礎講座）から「性別二元論」に関係する情報を提供した。

　＜発達障害の一部の人は色や肌触りといった具体性のある現実のデータを取り過ぎる。例えば、「赤いランドセルより黒いランドセルのほうが反射する光がどう見ても美しい」と感じるなど。したがって「性差」といった全体的なカテゴリーよりも部分的な情報に意識が向かいやすく、そのため女らしさ・男らしさをまとめあげにくい。「性差」はとても抽象度の高い概念だが、ジェンダー化された社会に生きる以上、ジェンダーから逃れられないため、具体的なキャラを取り込んでいる。＞（一部を抜粋して要約）

　FCの課題として、対象者の問題がある。FCになじむかどうかは、「女性役割意識」を内面化しているかどうかに関係があるのか、「社会的弱者」の立場ということだけで共感しあえるのか。また暴力の被害者は女性が多いが、男性やセクシュアル・マイノリティも被害に遭っている。FCとしてそこはどのように考え対処していくのかは今後の課題である。

4. フロアとのやりとり

（質問）日本の女性の平和運動においても、次世代にうまく伝えられないこともあり、弱体化している。理論的に運動を支える理論が作られていない。平和理論とフェミニズムではなく、なぜ平和運動とフェミニストカウンセリングなのか？女性の平和運動理論をどう構築していくのか？

（相方）フェミニズムの視点を持って活動している人や平和運動につながる理論はあるが、運動に参加する人のどれ程が両者の関係を意識しているのだろうか。実践とフェミニストカウンセリングをつなげていくんだという気持ちでいる。

（質問）平和運動の中の力関係はどのようになっているのか。男性中心のピラミッドの中に入ると女性も男性化してパワーをもち、女性にパワーを振るう、男性がやっているようなパワハラをするという現象が起きているような気がする。

（相方）その通りだと思う。例えば、「持つ者」「持たざる者」が明白な新自由主義の中で女性が活躍していこうと思うと男性化されるという側面はあると思う。強くないと生き残れないような社会の中に居たらそうなるのも無理はないし、女性だからこそ「弱さ」を見せてはいけないと頑張ってしまうこともある

だろう。弱さを認めながらやっていくのがフェミニズムだと思う。弱さに根ざした関係づくりをやっていきたい。

（質問）これまでのフェミニストがやってきたことが現在に続いているとは思うが、団塊ジュニアとの感覚の違い、20代30代の女性たちの感覚についていけない。恋愛感覚や性的な感覚にフィットできない。今の若い女性たちが食いついてくるような話題を提供していけていない。もう一つの課題は、特性が違う人たちに距離を感じる。

（井上）日本のフェミニズムはアメリカのフェミニズムをモデルにしている。性暴力からの回復に関してもハーマンをモデルにしてきたが、アメリカと日本の文化は違うし、日本の若者はアメリカの若者とは違う。そこに焦点を当てて、やはりナラティヴでしか新しい日本のフェミニズムも構築できないんじゃないか。特性の違う人たちに対しても、彼女や彼らにナラティヴ（物語）を語ってもらうしかないだろう。

（質問）今の活動の中に新しいものがあるなら発見したい。可視化されない部分をどうやってみていくのか、抑圧されている立場の視点に立って、そこで新しいものが生まれているのなら見てみたい。女性間だけの差別ではなくて、男性も入れた階層性を視野に入れていかないと閉塞感は変わっていかない。

（質問）フェミニストカウンセリングは男性を対象にしないのか？

（井上）性暴力被害者の回復を支援するためにも、また加害男性の更生を考えていくためにも、男性クライエントやその問題とも取り組んでいかなくてはならないだろう。すでに、「京都SARA」では取り組んでいるが、研究しなければならない点も多い。

いのうえ　まやこ（ウィメンズカウンセリング京都）
あいかた　みき（同志社大学グローバル・スタディーズ研究科博士課程後期）
しぎょう　てるこ（NPO法人フェミニストカウンセリング神戸）

孤立と依存
〜犯罪行為をジェンダーの視点で考える〜

発題者　　　　　　　コーディネーター
友杉明日香　　　　　加藤伊都子
福田由紀子

1．はじめに

　本分科会では友杉が薬物依存からの回復支援について、福田が刑事施設内での更生支援についての報告を行い、質疑応答及び会場の参加者とのディスカッションを行った。
依存症者と犯罪者、彼ら彼女らが置かれた環境とその心理状態など、薬物依存症のリハビリ施設と刑事施設というそれぞれの現場で見えたものについての報告を聞き、フェミニストカウンセリングにおける回復支援について考えた。それらを考える上でキーとなる概念がタイトルの「孤立」と「依存」である。紙幅の関係で報告の多くの部分と会場とのディスカッションを割愛せざるを得ないが、発題者の報告は非常に興味深いものであり、ディスカッションは問題意識に満ちたものであった。

2．依存症者にとってのリハビリ施設（友杉明日香）
■薬物依存とは

　薬物依存症（以下、依存症）は、薬物の摂取が自分の意思ではコントロールできなくなる病気のことだ。私は、20年以上前に薬物依存症者（以下、依存症者）のリハビリ施設「大阪ダルク」に関わり、今は「京都ダルク」に関わっている。ダルクでは、依存症者のカウンセリングではなく、主に依存症者の家族のカウンセリングをしている。したがって、20年以上関わっているといっても、ダルクのスタッフといろいろな話をしたりダルクの利用者を側からみていたりという関わりだ。この分科会では、ダルクが依存症者にとってどういう場所かを考えたい。ただし京都ダルクは現在は女性の依存症者の支援を中止しているので、私の話は女性の依存症者に限定したものではない。

　以前は、「人間は薬物を使うと誰でも依存症になる」と考えられていた。しかし、最近は「過酷な環境にいる人が依存症になりやすい」と考えられるようになった。その一方で、依存症者は、薬物を使用する前から、「何らかの心身の病気や障がい」、いじめ、虐待、性暴力などの暴力被害を受けたことによる「トラウマ症状等の心身への影響」、女性差別、LGBT差別、部落差別、在日韓国朝鮮人差別などの「社会的差別」など、いくつもの『生きにくさ』を抱えてい

ることが多いことが知られてきた。それらの生きにくさは、依存症者の安心、安全感を損ない、依存症者が自身を語る「言葉」を奪うと考えられる。依存症者のなかには、「人はいきなり豹変して、私の心や体を侵害してくる危険な存在」だと体験的に学んでいる人もいる。このように依存症者が抱える生きにくさは、依存症者に孤立感をもたらすことがある。

■スタッフの関わりが意味するもの

ダルクでは、プログラムを中断し出ていった依存症者が、ある日またダルクに戻ってくることがよくある。そこには、「出ていったから終わり」ではなく、その人とのつながりを切らないスタッフの関わりがある。ダルクの主なスタッフは、自身も依存症を抱え、かつてダルクの利用者だった。だからこそ、プログラムを中断する依存症者の気持ちが理解でき、つながり続けようとするのだと思う。では、孤立感を抱える依存症者にとって、ダルクはどのような場なのだろうか？

私には、ダルクで依存症者は、他者と安心、安全を感じながらつながる体験を少しずつ積み重ねているようにみえる。例えば、他者に対して「豹変して危険な存在になる」というイメージを抱いている依存症者は、ダルクにいると、他の利用者やスタッフが互いに信頼を積み重ねていっている姿を目の当たりにする。そこで、自分もそのような関係を築きたいという思いを持っても、その一方で「信じたら裏切られる」という怖さも感じるだろう。ダルクは、そのような依存症者に『他者とのつながりを求める心と怖さの間で揺れる自由』を保証しているように感じる。

■つながる先を増やすこと

私たちが生きている社会は「強いこと＝いいこと、正しいこと」という価値に重きを置かれ、弱者に対する嫌悪感が強いと思う。その社会は、例えば、暴力による支配に寛容であることや、トラウマ、障がい、病気に対する無理解や偏見が根強く、また社会的差別により「差別される人の存在自体を無視」するという側面がある。このような社会の在り方は生きにくさを抱える人を孤立に追い込みやすいだろう。また依存症者は、依存症になったが故に、さらに孤立させられる現状もある。そのなかで、依存症からの回復の場であるダルクは、依存症者が「弱いままの自分が、他者に支えられ、支えるつながり」を少しずつ積み重ねていく場なのだと思う。そして、依存症からの回復には、そのようなつながり先（依存できるところ）を増やしていくことが大切だと思う。

1. 刑事施設の現場から（福田由紀子）

■ 女性受刑者の特徴

　1年間に刑務所に入る受刑者のうち、女性は約1割（約2,000人）であり、窃盗と覚せい剤取締法がそれぞれ約4割を占める。女性は男性より高齢化が進んでおり、若年女性（39歳以下）では覚せい剤取締法違反が過半数を占めるのに対し、高齢者（65歳以上）は窃盗が大半でそのほとんどが万引である。比較的高齢になってから万引を始める人も多く、大半は食品や日常品などで、日常にリスクがある。万引をする人は、生活困窮者ばかりではない。生活には困っていないが、自分で自由に使えるお金を持っていない人も多い。

　また、摂食障害を抱える人が20人に1人と多く、「痩せるために覚せい剤を使用した」「どうせ吐くのにもったいないから万引した」といった動機も語られる。摂食障害には、母親との葛藤や、痩せている女性が美しいという価値観が背後にある。

■ 依存の種類と背景

　依存とは依存対象が優先されコントロールができない状態であり、物質依存（薬物、アルコール、たばこ、処方薬等）、行為依存（ギャンブル、買い物、ゲーム、万引、セックス等）、関係依存（DV、児童虐待、ストーカー、恋愛等）に分類される。依存は「否認の病気」と言われており、病識に乏しく、助けを求めないことが特徴のひとつである。

　依存の背景には、愛着の問題や否定的な感情を処理できないため「快感」を得ることに頼る傾向のほか、ジェンダーによる違いが見受けられる。男性の場合は「男性性が損なわれる恐れ」の封印、女性の場合は「女性性がもたらす傷つき」の封印が目的となっていることが多い。DVや性被害などの暴力被害経験を持つ受刑者はとても多い。

■リスクとなる感情

　罪名によってリスクとなりやすい感情が違い、犯罪行為によって満たそうとした感情も違う。たとえば、窃盗で語られがちな動機は「スリル」と「達成感」であるが、その背景には、退屈な日常に刺激を求める気持ちや、自己無価値感や空虚感があると考えられる。また「万引にはお得感があった」と言う女性に詳しく話を聞いてみると、「人生で得をしたと思ったことがない」「なんで私ばっかり」ということがしばしば語られる。家事育児介護といったアンペイドワークにより自分の時間や労働を搾取されてきたやりきれなさや不遇感を、他人の労力がかかっているものをタダで得ることで埋めようとしているように感じられる。

一方、女性の覚せい剤使用者のリスク感情の多くは「淋しさ・孤独感」である。男性の場合、孤独感を自分のリスクとして挙げることに抵抗があるということもあるだろうが、いずれにせよ、ジェンダーによる差異が感じられる。また、女性の場合、初回使用時は、「彼氏に打たれた」等、男性が関わっていることがほとんどであり、関係依存も背後に見え隠れする。

■孤立させないこと

　「孤立」が「依存」を生み、それが「犯罪」へと繋がっている。そのため犯罪予防には、「孤立させない」ことが大切である。社会資源や人的資源等、依存先（居場所）を増やすことによる孤立の解消によって依存の克服は進んでいくと思われる。

　また、彼女たちの依存の背景にある生きづらさはジェンダーと密接に関連しているため、ＦＣのジェンダーの視点によるアプローチは有効だと思われる。

4．最後に

　二つの異なる現場からの報告にもかかわらずいくつもの共通点があった。以前から抱えている生きにくさが依存症者の安心、安全感を損なっているという友杉の報告があるが、福田も刑事施設内の女性たちに不足している経験の一つとして安心、安全感をあげている。また両者とも男女双方のジェンダー規範への過剰適応を報告している。そして回復に必須のものとして依存先を増やすことを挙げている。これらが代表的な共通点だが、その他にも様々な論点が紹介された。二人の問題提起から読み取れる社会批判はフェミニストカウンセリングが目指すものを指し示してもいる。ジェンダー規範に過剰適応せざるを得ない状況と過剰適応が招く不適応の問題はフェミニストカウンセリングのテーマそのものであり、提起された論点は社会的な逸脱に追いこまれた女性の支援に不可欠の視点を示していたと言える。

ともすぎ　あすか（ウィメンズカウンセリング京都、京都ダルクカウンセラー）
ふくだ　ゆきこ（ユキメンタルサポート、刑事施設カウンセラー）
かとう　いつこ（フェミニストカウンセリング堺）

女性相談担当者とのネットワーク作り
〜フェミストカウンセリング堺のこころみ〜

発題者　　　　　　　　コーディネーター
塩見美千子　杉本志津佳　中川和子
小田切由里　木村由実

はじめに

　フェミニストカウンセリング堺（FC堺）では、近隣自治体で行っている女性相談にカウンセラーとして携わり、各自治体の担当職員を通じて連携と協働を重視してきた。それぞれ地域や自治体には固有の特性があり、課題もある。最近では担当職員によるDV・虐待の緊急対応等が増えている一方で、男女共同参画事業としての女性相談の意義が伝わっていない実情などもある。FC堺としては、個々に関わりながら相談業務の充実と向上に貢献してきた。その点と点の繋がりから、女性相談の理念や具体的な対応のノウハウを共有し、担当職員の異動に左右されない経験の蓄積が必要だと考え、独自のネットワークを形成することを試みた。結果、地域・自治体や立場を超えた知識・情報・経験の交流の重要性を実感している。そのプロセスと成果を紹介し、今後の展開と可能性を検討したい。

1、「行政担当者のためのミニ講座と情報交換会」に取り組んだ理由

理由①

　大阪府のドーンセンターでは、7つのブロックに分かれて相談事業担当者、相談員、DV相談担当者などが定期的に情報交換、研修会議（大阪府内市町村における相談員及び相談事業関係者のためのブロック別情報交換・事例検討会）を行っている。ドーンセンターのカウンセラーとして杉本がコメンテーターとして入ることもある。そこで見えてきたのは、自治体によっては、相談に関する研修を受けていない担当者が危機介入やDV証明、意見付与に関する対応をせざるを得ない状況、そして、その担当者にサポートがないことだった。また、行政職員は異動があるため、知識や経験の蓄積がされない。具体的な事業は引き継がれるが、女性相談の理念・意義や必要性は引き継がれにくいという問題もある。担当者が代わってもジェンダーの視点や女性相談の必要性を引き継ぐシステムが必要だと感じた。また、熱心でフェミ的視点のある職員は、往々にして周りの無理解などで孤立したり、疲弊していたりする。そういう女性職員をサポートする場もいると感じた。

実際には、個人情報開示請求への対応や災害時の対応、研修の企画など、他市の取り組みなどの情報交換など、各担当者にとっても有効なものになっていると思う。

理由②

　自治体の相談担当者と私たち女性相談・相談員とは、それぞれの『相談』に対するスタンスに違いがあり、そのずれに戸惑うことがよくある。

　例えば、『相談』は予約数、相談数など数字で評価される傾向がある。しかし予約数・相談数が多ければよいということにはならない。予約数が多いと、継続ケースの予約の間隔が広がり、終結までに時間がかかることになるし、新規予約が入りにくい状況になる。そうなると、継続ケースを回数制限する自治体も出てくる。継続ケースと新規ケースのバランスが非常に重要になるが、そこに対する考え方も市民平等を貫くか、相談内容に合わせた対応を優先するかなど、違いが生じているのが現状である。

　反対に予約数が伸び悩んでいる場合、それは担当者が短期間で異動し、長く担当している相談員任せとなり広報が手薄になっていることもあるように思う。また配暴センターと女性相談のすみ分けがうまくいかず新規予約数の減少が生じていたこともあった。

　相談担当者も私たち相談員も女性相談が相談者にとって有意義なものであってほしいと願っているのは同様であるのに、意志の疎通がうまくいっていないのは非常に残念なことであり、率直に話し合う場が必要だと痛感していた。

2、開催に向けて準備したこと（リサーチ・広報）

　FC堺のスタッフが行っている行政の担当者に、具体的に困っていること、どのような形なら参加しやすいかなどをそれぞれが相談室に行ったときに聴取り調査をした。行政によって、女性相談担当者が市職員であったり、委託されたセンターの職員であったりで、女性相談についての認識も様々で、こうした交流会の「必要性の有無」についての反応にも違いがあった。

必要性があるという反応の中には、

　　・相談室のあるセンター内でDV被害者への同行支援なども行っている人に
　　　声をかけたところ「市の職員となかなか話す機会がないのでFCと共有し
　　　たい。

必要性を感じていないという反応では、

　　・カウンセラーと日常的に情報共有しており、カウンセラーからSVも受け
　　　ている。職員も参加してくれて受けているので、特に必要はない。

必要性は感じるが参加が難しいという反応では、
・できれば参加したいが委託されたセンターの職員は、日曜日も講座などの行事があり、担当になることが多い。
・参加費がかかる、研修扱いとされないので、休みをとって自費で行かなくてはならない。
その他に、リサーチそのものをしにくい行政もあり、
・女性相談のあるときに市の担当者が鍵を開けることと資料を持ってくるだけに来るので、コミュニケーションを取りづらい。
・市の担当者によって女性相談への熱意がまちまちで、全体に市の職員は心理的に女性相談に遠い感じがする。
これらの事前の聴取りをもとに、これまでに3回の交流会をおこなった。
後半の懇親会では、堺市内で地域活動支援センターを立ち上げ、引きこもり当事者や障害手帳を持つ（持たない）就労困難な人の居場所をつくり、カフェを運営しているところに、安くて美味しく体によい軽食のケータリングを毎回お願いした。参加者からもスタッフから好評だった。

3、実践報告（「ミニ講座＆情報交換会」の報告）

これまでに3回の「ミニ講座と情報交換会」と開催した。

　1回目は、２０１７年1月15日　大雪で吹雪の寒い日に行った。悪天候にもかかわらず、外部、２１人が参加した。初回の前半のミニ講座のテーマは「男女共同参画の相談」にした。第一回目の取り組みなので、基本的な内容にした。男女共同参画センターで、女性のための相談が実施されるようになった歴史的な背景や経緯、女性相談の特徴、意味、意義を解説した。講師はFC堺の加藤伊都子が担当した。

　女性のための相談は言葉にならないものを聴き取り整理すること、問題発見機能を持っていること、心理的サポートとしてのカウンセリングと、社会的サポートとしてのケースワークが必要であることなどなどを共有した。相談担当者の役割は、相談員の回復に重要な存在であることも確認できた。後半の懇親会はアルコールも入り、地域を超えて親交を深める和やかなものになった。

　2回目は、２０１７年の8月20日　酷暑の真夏に開催した。夏休暇期間と重なり、夏休暇期間と重なり、1回目よりやや少なめだったが、内容は真夏らしい熱い研修会になった。

　2回目のミニ講座のテーマは「予約・受付・問い合わせ等に関する考え方」であった。講師は杉本志津佳が担当した。ミニ講座では基本的な考え方などを

共有したが、その後、実際の現場での実態を共有した。重篤なDVケースや緊急対応の仕方についても、行政によって独自のシステムがあり、かなりの温度差があった。それぞれの強みや課題なども共有できて、とても有意義であった。

　3回目は、2018年の2月18日に開催した。今回ミニ講座のテーマは「行政での女性相談事業の充実のために〜カウンセリング・講座・研修・SV〜」であった。講師は杉本志津佳が担当した。講座の最初に、「女性相談で私たちは何を提供しているのか？」の問いから始めた。カウンセラーの視点から相談とカウンセリングの違いや、講座やサポートグループの取り組みと効果などを伝えた。その内容を初めて知った相談担当者もいた。

　私たちFC堺のカウンセラーは、女性相談の現場で、相談などのさまざまな取り組みをし、相談者や参加者に新たな気づきと変化をもたらしてきた。その効果を件数や参加人数といった数字以外に可視化することは出来ないだろうか。カウンセリングや相談においても、終了時にアンケート（数量調査と自由記述）をとるなど、効果を可視化していく必要がある。研修では、行政担当者からの要望があり、「情報開示と関係機関との連携」についても検討した。

成果と課題

　私たちの素朴な思いから始まった企画であるが、参加者の反応は毎回とてもよい。自由記述のアンケートには、「通常では交流できない地域の人と交流できてよかった」「他市の取り組みがわかってよかった」「解決策を見つけることができた」など肯定的なものがほとんどであった。課題としては、開催時期や曜日（日曜日）を検討すべきかもしれない。行政によっては参加しにくいところもあるようだ。

　今後も現場のニーズに合致した、講座のテーマを提供し続けることが、大きな課題である。そして、このような場があることが、行政担当者同士をつなげ、エンパワメントする一助になる。ジェンダーの視点を持つ支援者のネットワークを強固なものにすることも、フェミニストカウンセリングの役割ではないだろうか。カウンセラーはルームの中だけの支援者ではないのだから。

しおみ　みちこ（フェミニストカウンセリング堺）
すぎもと　しづか（フェミニストカウンセリング堺）
おだぎり　ゆり（フェミニストカウンセリング堺）
きむら　ゆみ（フェミニストカウンセリング堺）
なかがわ　かずこ（フェミニストカウンセリング堺）

分科会E トランスジェンダー再考
～FtMtF 2度の身体改造を経て～

発題者　　　　　　　　コーディネーター
鮫島このみ　福田由紀子　小柳茂子

1. はじめに （小柳茂子）

　性的マイノリティとしての「LGBT」が広く知られるようになり、性別適合手術も珍しいことではなくなってきた。しかし、そもそも心と身体の性が一致するとはどのような状態か。FCは、こうした揺らぎにどう向き合っていけるのだろうか。今回の分科会では、2度の身体改造を経た鮫島の体験と、その中で感じ考えたことを語ってもらい、これからのFCとの接点、援助の可能性を共に検討した。また、性指向と性自認の軸を持った新しい概念である「SOGI」を紹介し、小グループによる話し合いを行った。

2. FtMtF 二度のトランス経験と認識の変化 （鮫島このみ）

　私は、19～28歳までの約9年間を男性として、28～30歳現在は再び女性として生活しており、この一連のトランス体験のことを"便宜的に"FtMtF（Female to male to Femaleの略）と表現している。

■ 女性から男性へ

　男尊女卑が蔓延る地方で女性として育ち、幼少期から「女の子って損。男の子は自由でいいな」と思っていた。女性ならば、少なからずこのような抑圧を感じたことがあるだろう。のちに男性へとトランスしたが、自身のことを一度も男性だと思ったことはなく、「そのうち男性器が生えてくる」と考えたこともなかった。自分が女性だという認識はあったが、他人から勝手に決められたことのように感じていた。その違和感や抑圧に対して抵抗してみたものの、「それは普通じゃない」「みんな我慢しているんだから」と言われ、無力感に苛まれていた。また、私の家庭環境にはDVがあったためか、父に抑圧される母のようになりたくない、女性であれば母のようになるのではないか等の不安や、女性への嫌悪感さえ抱いていた時期もあった。女性蔑視やセクハラなどの性暴力は常に身近にあったが、助けを求めることもできず、いちいち反応するのはきっと器が小さいのだ、気にしなければ良いのだ、と思うほかなかった。さらには、自分の女性性を商品化して稼ごうと、水商売の道に進んだこともあった。

　しかし、男性に評価される対象であり続けることや、男性と対等でいられな

いことが苦痛で疲れきってしまい、どうしたらそこから抜けられるか考えた末に、化粧をやめ、髪をベリーショートや坊主にした。そんな折、知人から「性同一性障害みたい」という言葉をかけられ、衝撃を受けた。まさか自分がと思った。だが、これまでの生きづらさを考えると、「本来は男性に生まれるはずだったのに、間違えて女性に生まれたからこんなに辛かったのではないか。これから男性として生きていけばこの苦痛から逃れられるかもしれない」と容易に思い込むことができた。

そこから男性ホルモンの投与を始め、ヒゲが生え体毛は増えた。筋肉もつきやすくなり、声変わり、月経の停止などの身体的な変化が起こった。男性名に改名もした。この頃は、まだ性の多様性を知らず、男女どちらかを選択しなければならない、「中途半端」は許されない、と思っていたため、「極端に男らしく」振る舞っていた。なぜそのような認識であったのか。それは、「性同一性障害」という医師からのお墨付きを得るためには、「昔から自分を男性だと思っていた。身体をどうしても男性に近づけたい」などと強く主張しなければ診断がおりないという情報が流布していたからだ。また、当事者間でも自身の正当性を保つために、男女二元論に依拠しないもの、セクシュアリティの変化やゆらぎなど一貫性がないとされるものは「ニセモノ」として排除される風潮があった。

男性として生活し始めて一番に感じたのは、周囲の眼差しや扱われ方の変化だった。「女のくせに出しゃばるな」「控え目にしなさい」等と言われることはなくなり、やればやるほど応援されるようになった。男性から性的客体として見られなくなったことで自らが主体でいられるようになり、とても楽に感じられた。

23歳で福岡県の某大学心理学科へ入学した。そこでフェミニズムと出会い、多様な性のあり方を知ったことで、むやみに男性らしく振舞わずに済むようになった。少し肩の力が抜けた。だが、ジェンダーについて学べば学ぶほど、私は何のために男性にトランスしたのか、手術をする必要はあるのかなど、これまでになかった迷いが生じた。この時はすでに男性ホルモンの投与による不可逆的な身体的変化が起こっており、周囲の反対を押し切ってトランスしたこともあり、この選択は間違っていなかったと思い込むしかなかった。後戻りができないのなら、更に楽になれるかもしれないという希望に賭けて進むしかないと、迷いを抱えたままタイで性別適合手術を受けた。

■ 男性から再び女性へ
しかし、手術から1〜2年経つ頃には、一連のトランス行為をひどく後悔して

いることを認めざるを得なくなった。本当は、私は女性のままで強く自由に生きたかった、主体でいたかっただけだということに気がついてしまったのだ。男性として生きることで女性としての抑圧からは逃れられたものの、もう男性を演じ続けるのは無理だった。頑張り方や進む方向を間違えたと認めてからは、一刻も早く男性であることをやめたくなった。男性化した身体を元に戻すことは不可能であったため、せめてユニセックスな外見でいようとした。すると、当時働いていた飲食店で、お客さんに性別を問われることが増えた。「男か女かわからない」ということは、こんなにも注視され常に二択の答えを求められるのかと、とても疲弊した。このようなことから、もう一度女性として生き直したいと、男性ホルモンの投与を中止し、女性ホルモンの投与を開始した。弁護士同行のもと家庭裁判所へ出向き、性同一性障害ではなかったことを説明すべく陳情書も提出した。おかげで名前は以前女性であったときの名前に再改名することができた。この事例は異例だったらしい。

　乳房再建術を受け、ヒゲや体毛も脱毛し、少し高い声を出せるよう訓練したことで、今では女性だと認識されるようになった。外見が女性へと戻るとともに、しばらく忘れていた煩わしさも一緒に戻ってきた。女性蔑視や抑圧、セクハラなどだ。男性として過ごしていた時期、私にはこの矛先が向かなくなっていただけで、それらが常に身近にある事実は残念ながらあまり変わっていないようだ。

　私の場合、2度の身体改造を含む一連のトランス体験を経て、ジェンダーの強固さと窮屈さを再認識させられた。しかし、トランスジェンダーを「自分の性別や表現する性別のイメージが、出生時に割り当てられた性別のイメージと合致しない人」という広義の意味でとらえた時、より多くの人が当てはまるのではないだろうか。

3．SOGIの視点とフェミカンとしての関わり方（福田由紀子）

■ 鮫島との出会いから現在まで

　鮫島が入学した大学の教授と親交があり「FtMの学生が入学してきたので、会ってもらえないか」と鮫島を紹介された。当時の鮫島は、外見は完全に男性。私は、LGBTの自助グループやフェミカンのカウンセリング等の情報提供をした。何度か会って話をする中で「幼少期に性自認が男性だと意識したことはなく、女性ジェンダーに沿った『女らしい』生き方をしていた」と聞き、違和感を覚えた。しかし、自分は鮫島のカウンセラーではなく、性同一性障害の診断を経て「大学生の男の子」として生きている彼に自分の違和感を伝えるのは、

彼の自己決定を否定する行為のように思えて、伝えられなかった。自分の立ち位置に迷いを抱えたまま、細く繋がっている状態を続けた。

　その後鮫島は、大学でLGBT理解のためのセミナーを開き、福岡で初めてとなるレインボーパレードを企画、実施。頼もしく思いながらも、性転換手術については、控えめながら「慎重に」と伝えた。手術後、鮫島は長くうつを患い、フェミカンでのカウンセリングを開始した。自身のジェンダーアイデンティティと向き合う中で、女性に戻ることを決意。「フェミニズムにもっと早く出会っていれば、手術しなかった」という言葉に、胸が締めつけられた。

■ LGBTからSOGIへ

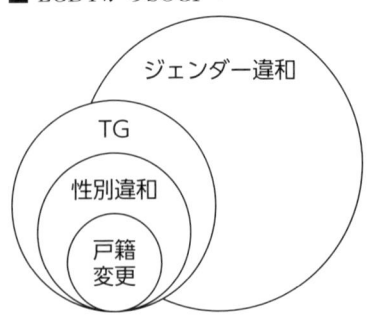

　結果的に鮫島の場合は、性別違和ではなく「ジェンダー違和」だったと思われるが、それらが複合的に重なっている人は少なくないと思われる。

　「LGBT」は、一部の当事者における性指向（LGB）と性自認（T）のみを指してきたが、SO（性的指向）とGI（性自認）、２つの軸を持つ「SOGI」の概念では、私たちの誰もが当事者であり、多様な性のあり方すべてを包括する。自らのセクシュアリティの「ゆらぎ」をも含め、あらゆる性のあり方を受容し尊重する「SOGI」の概念の普及を期待したい。

―おわりに―

　参加者からは、率直に自らの体験を語る鮫島の勇気に感銘を受けた、自らの性について考える良い機会が得られたとの感想が多かった。また鮫島から、現状の心理援助や治療では、社会が孕むジェンダーの問題が十分に扱われていないとの指摘を受け、FCが果たすべき役割の意義を考えさせられた。性のゆらぎについて、フェミニストカウンセリングが、より前向きに、意識的に関わっていくことの必要性を改めて確認した分科会であった。

さめじま　このみ
ふくだ　ゆきこ（ユキメンタルサポート）
おやなぎ　しげこ（フェミニストセラピィ "なかま"）

分科会 F　ＤＶ被害からの回復支援を考える
～言語的アプローチと身体的アプローチ～

発題者　　　　　　　　　　コーディネーター
加藤佐紀子　片桐妙子　　　増井さとみ
近藤八津子

1．はじめに

　DV被害によるトラウマからの心理的回復にはさまざまな方法がありますが、フェミニストカウンセリングでは、「語ること」が重要であると考え、カウンセリングのみならずサポートグループや「語り合いの場」で回復支援を続けてきました。それに加えて、最近ではリラクゼーションやイメージトレーニング、マインドフルネス等を行なう、身体に対するアプローチもトラウマの回復の一助となり得ると言われてきています。

　ウィメンズカウンセリング名古屋YWCAでは、女性が安心して生活し、社会で活躍するための環境を整備することを目的として活動しています。その中で、2001年より「夫・恋人からの暴力に悩む女性のためのサポートグループ」を開催、2015年からは「DV被害からの回復ワークショップ」を開催しています。

　この分科会では、被害におけるトラウマ記憶や感情を言語化し、「語る」ことによって自己覚知や認識の変化をもたらし、自己変容を促す手法としての「言語的アプローチ」と、自分自身の身体感覚や感情を用いて、安心・安全の感覚を取り戻したり、自己受容や自己変容を促す「身体的アプローチ」について、ウィメンズカウンセリング名古屋YWCAの実践を紹介し、それらの効果と課題について検討したいと思い、開催しました。

　当日の参加者は24名。フェミニストカウンセリングならではのアプローチを模索する良い機会となりました。

2．言語的アプローチの実践～ＤＶサポートグループ

　DV被害当事者が被害経験や気持ちを周りに語り傷つけられることは少なくありません。被害者はDVという同じ経験をした者同士による語り合いの場を求めていて、サポートグループ（以下、SG）「ひまわり」を開催しています。SGはルールを共有して安心で安全な場を保証し参加は匿名、申し込みも不要です。

　DVサポートグループ（＝SG）は、言語アプローチによるDV被害者の回復支援でもあります。しかし夫の暴力と支配の影響で、被害者は経験や気持ちの言語化が困難な場合があります。聞くだけの参加も可能ですが、参加を重ねる中で次第に湧き上がる感情を経験と共に語り始められることも有ります。特筆すべくはSGの特徴「グループダイナミクス（集団力学)」です。集団を構成する個人同士の相互依存関係から派

生する集団の力学的特性を言います。集団における個人の行動や思考・価値観など
は集団から影響を受け、また逆に集団に対しても影響を与えます。その効果として、
・語りの効果　①失ったものへの服喪追悼によりトラウマを癒す②経験や気持ちの言
　語化により気づきや気持ちの整理が得られる③メンバーによる受容と共感から自己肯
　定感を取り戻す④語ることで頑張った自分を労り承認し自信や気力を取り戻す。
・聴く効果　①同じ経験に気づき社会的な問題であることを理解する②先を行く仲間
　の語りが自信と希望となる③当事者しか語り得ない心深くに響く言葉は腑に落ち、意
　識・行動変容に繋がる④言語化し得なかった経験や気持ちが、他者の語りによって
　「言葉と理論」を手にし、経験や気持ちの表現が可能となり他者からの理解が得
　られる。
・場の存続の効果　①安心感が得られる
これらSGの効果によりDV被害からの回復とエンパワー、自立、社会変革へと向かい
ます。
　一方で課題は、参加人数・安全な開催場所の確保が困難、ファシリテーターに専
門性が求められる為にSGが広がりにくい、グループ参加よりカウンセリングが必要と考え
られる参加者の見極めが困難、などがあげられます。ファシリテーター（F）の留意点は、
Fは場を動かさない、場の安心・安全を保障する為に必要なら介入する、参加者の
気づきを促し深める為の必要最小限の情報提供、多様な参加の形を理解し疎外感を
持たせない進行、Fの言動の影響力を自覚する等があげられます。

3．身体的アプローチの実践〜非言語的アプローチの実践と効果

　女たちは昔から、夫や親族からの暴力や生きる上での困難を声高に言葉にするこ
とは難しかったが、様々に対処する方法を知っていました。編み物やキルト等手仕事
をして、心を鎮め、得意のおいしい料理を作り、交換し、食べ、ほめられ、幸福感
や喜びを感じる。庭を手入れし、草花を育て、香りを嗅ぎ、飾り、自然に身近に置き、
ゆだねる解放感と心地よさを味わう。その中で薬草やハーブなどの力を取り入れ、身
体を「手当」することは洋の東西を問わず暮らしの知恵として行われてきました。また、
一人で行うだけではなく、何人かで集い言葉にできない悲しみを共に感じ合う。このよ
うに女たちの紡いできた文化には大いにサバイバルスキルとなり心の痛みを癒す効果
があったことを、現代の私達も、個人の体験として、あるいは被災地の女たちの活動
からも実感しています。
　ジェンダーの規範が要求する女性の身体感覚は、身体を閉じ、縮こまらせ、緊張さ
せられ、力を奪われるものです。しかし、ゆったりと解放的で豊かな湧き出る生命力や、
柔らかく他者とのつながる感じという身体感覚も持っています。身体を通じてのアプロー

チは、女性に対する暴力によって奪われたそのような身体感覚を取り戻すことをめざします。

　グループでの回復プログラムは、トラウマの心理教育や安心、安全感の回復、感情コントロール、グリーフケア、心身を緩め癒すことを、アートセラピーやイメージワーク、ストレッチや瞑想、呼吸法、アロマセラピー、手芸などの手法を利用して行います。このようにして女性の心身を開放し、効力感や達成感を経験して自己を信頼する気持ちを養い、自己受容と他者受容を促がし、他者とのつながり感を回復し男性や世界に対する信頼の回復へと導き、自己尊重感の回復へつなげます。また、経験した出来事の記憶や感情をコントロール可能なレベルに保ち、回避していた記憶にアプローチすることを助けるとともに、回避・麻痺させていた出来事の記憶や感情を動かすきっかけとなり、考えを統合し意味づける助けになります。身体的アプローチによって、快い体験や感情、記憶となる出来事を体験して幸福感を体感することで不快な体験、感情、記憶、絶望感に圧倒されていた被害体験を相対化、客観化していくことができると感じています。

４．言語的アプローチと身体的アプローチの実践〜親子支援 （母親グループ）プログラム

　DV被害者の支援には母子関係の安定が重要です。子どもと親がそれぞれに見合った方法で回復するために、子どもの年齢による発達特性を考え、母親、小学校低学年、思春期前期から中期の子どもとに分けて、それぞれ独立してプログラムを実施していますが、ここでは母親の為の心理的回復、身体的回復プログラムを紹介します。

　目標としては、母親だけの集まりの中で、母親が自分自身の経験を相対化することで、孤立無縁感や子に対する罪悪感、子育て不安などを取り除き、今後の方向性を見出すことが可能となることを目指しました。

　対象者は、DV被害を経験し、保護・支援施設に入所中または退所後の生活自立の途上にあり、DV加害者からの安全が確保されている母親で、DV被害者としての参加を理解している、母子ともに全回（6回）参加可能な親子です。

第1回〜第6回まで、以下の通りに実施しました。

	テーマ（心理教育と話し合い）	リラックスタイム
第1回	人とのつながり	お茶 ブローチ作り
第2回	多くの感情を大切にする	お茶 折り紙
第3回	私の経験について考える	お茶 生け花
第4回	私の経験と今後について考える	お茶 コサージュつくり
第5回	心と体を癒す「これからの私たちに向けて」 リラクゼーション（アレキサンダーテクニック）、 お茶	
第6回	親子合同：親子一緒にゲームとおやつ	

　　回復への効果としては、
・母が自分のための時間を過ごし、自分のことや今後のことを考えることができる
・自分を取り戻し、心に余裕ができることで、子どもに目を向けることができる
・プログラム終了後、親子のコミュニケーションの促進の一助となれる
・子が低学年のころから継続して参加できるので長期的なかかわりを持てる
等があげられます。
　　一方、今後の課題としては、
・参加者が少なく、募集、宣伝の工夫、各方面の関係者への周知が必要
・母親の関心事は子どもへの影響が一番である。特に不登校、進学、子の自立等
　の心配は母親の精神の不安定さの要因となっている。DV被害による種々の苦しみ
　に加え、子どもにまつわる心配が絶えない等、長期にわたる継続的な支援が必要で
　ある
等が見えてきました。

5．フロアとの討論から
　　参加者には、行政で直接的、間接的にDV被害者の支援を行なっている方が多く
みられました。「言語的アプローチ」にしろ、「身体的アプローチ」にしろ、何らかの
支援の場が必要と考えておられる方々が活発に発言し、意見交換を行ないました。こ
れらのアプローチには、フェミニストカウンセリングの視点、すなわちジェンダーの視点

が欠かせないこと、回復のイメージとしてエンパワメントを基本としていることなどが確認されました。また、特に言語的アプローチにおいては、場の安心・安全を確保するファシリテーターの力量が必要なこと、「語る」ことによって想起されたトラウマ記憶のケアをどのようにしていくか等、いくつか課題も見えてきました。この分科会で共有できたことを元にさらにブラッシュアップしていけたらと考えています。

ますい　さとみ（ウィメンズカンセリング名古屋YWCA）
かたぎり　たえこ（ウィメンズカンセリング名古屋YWCA）
かとう　さきこ（ウィメンズカンセリング名古屋YWCA）
こんどう　やつこ（ウィメンズカンセリング名古屋YWCA）

"試論" 女のグループから始まるフェミニズム

発題者
小川真知子
荒木菜穂
コーディネーター
加藤伊都子

グループワーク
人見章子
わたなべゆうこ

1. はじめに

　多様化社会を考える会では、フェミカンルームをはじめとする女性の団体・グループが活動を継続し、社会で力を持つために必要なことは何かを検討してきた。関西で活動を続けている女性団体のインタビュー調査から見えてきたことは、フェミニズム視点を持つ女性グループは「平場」の組織を形作り長期的な活動を続けてきたという事実である。しかし一方で女性のグループは続かないというイメージがある。分科会ではウーマンリブ以前と以後の女性グループの活動内容を概観し、オルタナティブな社会の実現をめざして活動する「平場」の組織の女性グループが出会う「権力関係」という問題について話題提した。

2. ウーマンリブ以前と以後の女性運動、女性グループの概観 　　（発題者：小川真知子）

　女性運動とは「女性の生活改善、地位向上、解放をめざす社会運動」をいう。ここでは労働運動には触れられなかったが、女性たちが闘いとってきた成果と平場を追求した女性グループを検証した。

（1）戦後から1969年ウーマンリブ運動以前の日本の第一波フェミニズム運動
戦後は法的平等の獲得をめざし民主主義の権利を学ぶなど、平和、暮らし、子ども、女性の権利を求める運動が一気に広まった。公・私娼廃止運動を展開した日本キリスト教婦人矯風会や婦人民主クラブなど戦前から活躍していたリーダーによる女性団体が多かった。また主婦連合会や戦前期の婦人会組織がGHQ（連合国最高司令官総司令部）の指導により再組織化された全国地域婦人団体連絡協議会のように、運動の担い手は既婚者が多く、全国規模の大きな組織では、上意下達のヒエラルキーが存在した。

（2）1970年〜1975年　ウーマンリブ運動（第二波フェミニズム運動）制度だけでなく意識の男女平等をもとめて、性差別の告発、セクシュアリティの肯定、婚姻制度への批判運動を行なった。担い手は未婚の若い世代が多く、リーダーは存在するが、どち

らかといえばヒエラルキーの少ない小さな組織が多かった。

　藤枝澪子はリブと既存の女性（婦人運動との相違点は、①言語を含む文化体全体に対する問題意識（婦人ではなく女／おんなと記述）、②セクシュアリティの積極的肯定（からだを取り戻す、性にかかわる言葉、婚姻制度の問い直し）、③上下関係にかわる横ならび感覚（自発性、内発性、言い出しっぺが責任を持つ）であると分析した。この「上下関係にかわる横ならび感覚」は、現在もジェンダー平等をめざす女性グループでは「平場」と表現され、組織のあり方の根幹をなしている。

（3）1975年〜1985年　国際女性（婦人）年から国連女性（婦人）の十年
国連の取組みを受け、国、行政が法整備に努め、女性差別撤廃条約を批准した。国際婦人年をきっかけに行動を起こす女たちの会（行動する女たちの会に改称）は、性差別に異議申し立てし、男子優先の出席簿の見直しなど多くの成果を勝ち取り解散したが、フェミニストセラピィーなかま、東京・強姦救援センター、高齢社会をよくする女性の会など現在も継続しているグループ、団体は多く、政策提言を行ない、社会を変えている。

（4）1986年〜1999年　雇用機会均等法から男女共同参画社会基本法制定まで
バブル経済からバブル崩壊にともなう女女格差の進行を背景に、運動の進化、細分化がみられた。行政の取組み、法制度の整備がなされ、全国で行動計画や条例が制定された。

（5）2000年〜現在　バックラッシュから#Metooへ
基本法の制定後、日本会議をバックにした団体、個人からのフェミニズム攻撃によりバックラッシュがおこり性教育が衰退した。性暴力の常態化に対する反対運動は地道に続けられ、ハリウッドでの#Metoo運動が刺激となりセクシャルハラスメントやデートレイプの問題が再認識された。SNSの発達で若い世代も意見表明しやすくなった。

　70年代の女性グループが追求した上下関係ではなく横ならび感覚で、問題意識をもつ人が自発的にあつまり、当事者性を活かし、言い出した人が責任を持つという「平場」の組織による運動は、社会を変えた。80〜90年代創設の性暴力を許さない女の会や全国フェミニスト議員連盟、全国女性シェルターネットなどの団体は政策提言を続け、VD防止法、政治分野における男女共同参画推進法の制定、110年ぶりの刑法改正（性犯罪厳罰）につながっていった。

３．平場の女性グループが出会う「権力関係」という問題
　　（発題者：荒木菜穂）

　ここでは「平場」ならではの権力関係について分析した。

（1）女性グループが嫌う「権力」と平場への志向

権力構造を有する男性中心的社会へのアンチテーゼとして、ジェンダー構造に基づいた関係性を否定する。そのため平場の組織を作ること自体が政治であった。一方で「権力嫌い」と女性は対等であるという幻想への誘惑、つまり女性の差異を尊重できる関係性が目指されてもいた。「女性は同じ」幻想の中での「女性の多様性」は、女性間に「力の差異」をどの程度許容できるのかが、今後の課題といえる。

(2) フラットな関係ゆえに生じる「権力」の問題

　平場であっても構造は生まれる。支配的（エリート的）権力となる、もしくは見なされることで問題が生じる。明確な権力軸が無いため、その場で支配的権力と見なされたものがレッテルを貼られることで、フェミニズム的活動に相応しくないと見なされ非難の対象となる可能性もある。

　ポリティカルコレクトネス（PC＝主として言語の使用とカリキュラム改正を通じ行われる人種差別や性差別の是正運動）の一環として、フェミニストはこうであらなくてはならない、こういう行動や発言は支配的権力である、権力を持つ者は持たないものを批判せず配慮すべきという意識が存在する一方、「被害者の権力」も存在する。「弱者」であれば配慮を求められるべき、支配的権力はそうでないものを配慮すべき、という空気が活動の中で生じる。

　その結果として、フェミニズム的活動における権力の特徴（と想定されるもの）は、①権力の軸が多様で見えにくい、②女性の自尊心の低さと承認欲求ゆえか、支配的権力と「見なされた」者が求められる「配慮」が存在する、③女性ジェンダーによる非主張性が、見えにくい権力構造と相まって行動的なメンバーへの嫉妬となる（それゆえ権力への嫉妬を増幅させる）、④支配的でなくとも権力関係が生じること（対外的、対内的）を過剰に嫌悪し、活動に支障をきたす、があげられる。

(3) ルール作り、場づくりの可能性と限界

　権力の否定ではなく、信頼と流動的な「力」の「利用」はどのように可能なのか。最後に荒木さんは、フリーマン（Freeman,Jo,1970,The Tyranny of Structurelessness（＝「無構造の暴政」）の述べる平場（無構造）での権力のあり方を参考にした「平場の会議のルール」(昨年の発表) を再確認した。

1) 民主的手続きによって特定課題について特定個人に特定の権限を委任する。

2) 権力を委任された人は皆、自分を選んだ人々に対して責任を持たねばならない。

3) できるだけ多くの人々の間で権力を分配することは可能であり、権力の独占を防ぐ。権力の座にいる人々は権力を行使する過程で多くの人に相談しなければならなくなる。

4) 個々人間で課題を交替する。公式的にも非公式的にも、余りにも長く一人の人が多くの責任を持っていると、その責任は、その人の「財産」のように見なされるよ

うになり、簡単に手放したり、グループで統制されたりしなくなる。

5）合理的基準に沿って課題を割り当てる。グループに好まれているから誰かをある立場に選ぶとか、グループから嫌われているから大変な仕事を与えるといったことは、長い目で見てグループのためにもその個人のためにもならない。能力・関心・責任がそうした選定の主要な懸案事項になるべきである。

6）できる限り頻繁に全ての人に情報を流布する。情報は力である。情報に接することは、人の力を増大させる。

7）グループに必要な資源を平等に入手できるようにする。完全にできるわけではないが、そうできるように努力しなければならない。技能と情報も資源である。メンバーの技能は、その人が自分の知っていることを他者に教えようとして初めて、公平に入手できるようになる。

4．最後に

女性グループを考えるうえで乗り越えないと行けない課題として「平場を乱す人への対処法」をグループに分かれて話し合い、発表し、共有した。

（文責：小川真知子）

おがわ　まちこ（多様化社会を考える会）
あらき　なほ（多様化社会を考える会）
ひとみ　あきこ（多様化社会を考える会）
わたなべ　ゆうこ（多様化社会を考える会）
かとう　いつこ（フェミニストカウンセリング堺、多様化社会を考える会）

発題者　　　　　　　　コーディネーター
周藤由美子　　　　　　杉本志津佳
福岡ともみ

　この分科会は、ワンストップセンターをはじめ、それぞれが取り組んでいる被害者支援の活動を交流し、フェミニストカウンセリング（以下「FC」）の視点を持って被害者を支援するとはどういうことか？　その有効性は?　…等を共有し、可能性を考えていくものにしたいと毎年行っている。

　今回は、発題者、コーディネーターの3人が各々取り組んでいる支援の現場の状況や課題を発表、参加者との情報共有や意見交換を行った。

「性暴力を許さない女の会」の活動とサポートグループの取り組みから（杉本志津佳）:

　「性暴力を許さない女の会」（以下「会」）の活動とサバイバーのサポートグループ「CH@O（チャオ）」が、カウンセリング以外で現在私が関わっている性暴力被害者支援である。「会」の活動には、カウンセラーになる前から関わっており、私の中で支援を考える根っこ、基盤になっている。電話相談や公開講座、機関誌の発行、裁判の支援等が「会」の主な活動内容だが、大切にしているのは、「被害者の支援」と「社会への発信、社会を変えていく取り組み」の両輪で活動していくということである。

　カウンセラーとして／「会」のメンバーとして…の切り替えが難しい時もあるが、私の中では、それぞれに違う役割があると思っている。どちらも相談者の気持ちに寄り添いながら行っていくことは前提だが、「会」では、（電話相談、裁判支援など）「その場面」での限定的な関わりの中で、社会的な動きや法律や制度、見通し、資源など、様々な情報を総合的に見ながら、必要な情報を伝えることや、「作戦会議」的な側面が強いかな、と感じている。

　「CH@O」では、フェミニストカウンセラー2人がファシリテイターとして参加していることもあり、「言いっぱなし、聞きっぱなし」ではなく、「絡み」のある話し合いができている。参加者全員が子ども時代に家族等の身近な人からの被害の経験があり、一見他愛のない話、直接性暴力被害に関係ないような話でも、被害を経験し、「その後」を生きてきた人としての感覚を安心して話せる場の意味は大きいと感じている。「目的意識が（あまり）ない」適度なゆるさとユーモアが、このグループのなんとも言えない味わい深さを作り出している。

　今後は、「CH@O」を京都で行っているので、大阪でもサポートグループを始めた

いと考えている。リラクゼーションや身体からのアプローチ等、ボトムアップの要素を取り入れたものにできれば、と検討中だ。

　あと今年度は、2011年に発行した「性犯罪の被害者心理への理解を広げるための全国調査事業報告書」の改訂、教育訓練やこの分科会などで整理してきたFCの視点での性暴力被害者支援についてのテキスト作り（FC協会事業）など、これまで蓄積してきたものを目に見える形にしていく作業にも取り組みたい。

「病院拠点型の支援の実際〜支援センター・ひょうごの場合」（福岡ともみ）：

　「性暴力被害者支援センター・ひょうご」（以下「ひょうご」）は、2013年性暴力被害者支援センター・神戸として開設した。その後2度の移転があり、現在は県立尼崎総合医療センター（以下、「医療センター」）内で「特定非営利活動法人　性暴力被害者支援センター・ひょうご」として活動している。「医療センター」は第3次救急医療施設に指定されている大きな病院で、法に基づいてDVや虐待などの対策委員会がある。「医療センター」と「ひょうご」の連携については、「医療センター」HP内産婦人科のページに「性暴力被害者支援センター・ひょうごとの密な連携」と記載され、院内の性暴力被害者対応検討部会にも参加している。

　「ひょうご」には、専用の面接室がない。それもあって、院内での待ち合わせから始まり、相談者との面談や流れの説明、相談者の希望の聞き取り、診察への付き添い、診察後のクールダウン、会計・・・の支援の流れが共有されている。「病院の受付事務ではない、カウンセラーでもない私たち支援員の役割とは?」について、こだわって考え、話し合ってきた。支援員は、カウンセリング的要素とケースワーク的要素、そして、性と生殖に関する知識、この3つを押さえておく必要がある。この考えをまとめて「面接相談の6ステップ」というものを作った。内容は、

1. 環境を整える
2. 相談者がどの程度理解しているかを知る
3. （相談者は）どの程度解決したいか　関わりたいか　支援を希望するか　を理解する
4. 情報を共有する（整理と理解）
5. （相談者の）感情に応答する
6. 計画を立てて完了する

というものである。

　性暴力被害とは、"心的外傷の共通分母は「強烈な恐怖、孤立無援感、自己統制力の喪失、完全な自己消滅の脅威」である"（ジュディス・L・ハーマン）というトラ

ウマ体験であり、性と生殖に関する健康と権利の侵害である。だからこそ、初期対応で大切なのは、ケア（悲しみや苦悩への応答）とサポート（下で支える。地盤を整える）だ。病院の中で、からだ、こころが大切にされる場をつくることにこだわっていきたい。

あと、「ひょうご」の実践としては、性教育や研修などへの講師派遣、Web上でいつでもどこからでも被害者が支援機関を検索できるバーチャル・ワンストップ支援センターにも協力している。

公衆衛生の考え方に基づいて作成したのが右図である。トラウマインフォームドケア（TIC）の概念も採り入れ、性暴力を防ぎ、回復を支える社会を目指したい。

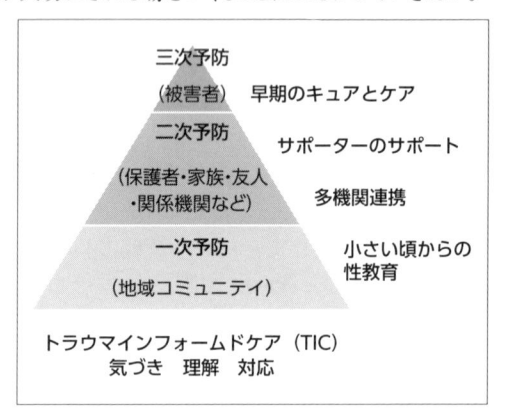

「京都SARAの活動から」（周藤由美子）：

1. ワンストップセンターについて

ワンストップセンターにFCが関わる意味は、支援に関わる人がジェンダーの視点（＝「性暴力はジェンダーの暴力である」）を共有し、取り組んでいくことであると思う。京都SARAでは、開設の準備段階から関わり、支援員養成講座でもジェンダーの視点を盛り込むなどを積み重ねてきた。

FCがセンターの運営を受託する場合の課題として大きいのは、予算を確保するためにどう行政と交渉するかである。実態に基づいたデータをたくさん出して交渉することが有効だと思われる。また、「24時間体制」について、京都SARAは、10時〜22時で、夜間は留守電対応だが、後発のセンターでは、「24時間体制でないとだめ」というプレッシャーも大きくなっているようだ。そのため、夜間はSANEなどが対応するコールセンターの利用が増えている。このコールセンター利用についても考えていく必要があるだろう。医療費やカウンセリングなど公費負担の範囲についても、地域によってばらつきがある。

ワンストップセンターでは、支援員の役割・育成は重要だ。私も杉本さん同様「性暴力を許さない女の会」の活動に関わってきており、「支援」のイメージはそこで養った。先ほど福岡さんが、「カウンセリング的要素とケースワーク的要素と」など支援員の役割を提起されていたが、支援には総合的な視点を持つことが求められていると思う。

2. FCによるトラウマカウンセリングの実践

京都SARAでは公費負担カウンセリング（10回まで無料）を行っている。早い段階で心理教育をし、「あなたは悪くない」をしっかり伝えることで、ASDが深刻化することなく回復していくケースもあるし、10回以内で終了できるケースも多い。一方で、幼少期からの性的虐待や他の問題が重複しているようなケースでは、10回で終了することが難しい。このようなケースに対応できるようなシステムが必要だと感じている。その意味でも、グループとの連携の可能性を探っていければと考えている。

3. TICとFC

ウィメンズカウンセリング京都は、RISTEX（科学技術振興機構　社会技術研究開発センター）「安全な暮らしをつくる新しい公/私空間の構築」研究開発領域採択プロジェクト「トラウマへの気づきを高める"人―地域―社会"によるケアシステムの構築（研究代表者：大岡由佳）」に参加している。このプロジェクトのテーマにTICの概念の共有がある。TICとは目の前の人を「ややこしい人」「困った人」ではなく、「トラウマがあるからでは?」という視点を持った対応をするということで、FCの「パーソナルイズ　ポリティカル」という姿勢と共通している。このプロジェクトでのWCKの役割は、地域での連携を考えることである。

京都SARAにおける連携の現状と課題としては、顔の見える関係づくり、多様な支援員さん（看護職や女性相談に関わってきた人など）との情報共有、支援員さんが現場でジェンダーの視点によるケア/TICを実践する可能性が挙げられる。

この後、フロアからは、富山、静岡のワンストップセンターについての現状が報告された。また、支援の広域連携や児相の対象にならない未成年女性の対応などについて、情報や意見が話し合われた。

すとう　ゆみこ（ウィメンズカウンセリング京都）
ふくおか　ともみ（ウィメンズカウンセリング京都）
すぎもと　しづか（フェミニストカウンセリング堺）

ジェンダー＋心＋身体＋マインドフルネス＝ムゲンダイ
〜新しい可能性〜

発題者
川瀬晴美　椹木京子

　フェミニストカウンセリングの技法や理念に身体指向セラピーの技法や理念を加えることで、支援が変わる！ことを体感した２人の企画でした。
　はじめに、マインドフルネス（以下、MF）やポリヴェーガル理論の基礎知識を共有した後、誘導によるMFを体験していただきました。MF自体は近年、心理、医療、福祉、教育、ビジネス等の場で一種のブームのように取り上げられていますが、意外に知られていないそのルーツと本質にも触れました。またポリヴェーガル理論の理解はトラウマを持つサバイバーの支援には必須です。これらをもとにサバイバーと支援者との関係を作ることは神経系レベルで回復の基盤を作ります。耐性領域内で安全にMFを行うためにグラウンディングをし、呼吸(体感覚)、音(聴覚)、他者との繋がり(視覚)を観察していただきました。
　その後、ジェンダー規範が私たちに与える影響とMFについての考察をお話ししました。MF（＝心身一如＝自然体）であることは、自己の内外にスペースを持ち、本当の意味で自己決定ができる状態であり、全体性を持つ人として主体的に生きることに繋がります。
　また、MFで対人関係の「境界線」を観察するワークを行い、参加者全員で自他の境界、距離感、支配とコントロール、つながりなど身体の反応を通して感じたことをシェアしました。言葉で表現し難い感覚や、まだそれが何を意味するのかが明確でない感覚もあり、それがまさに「今ここでの体験」だと感じました。一人一人がMFに探求されるあり方に支えられ穏やかで温かい場となりました。今回のWSが、現場や日常においてMFや身体指向セラピーを取り入れ活用される一助となれば幸いです。
　今後、内面化・身体化されたジェンダー規範や、母娘関係など、フェミカンのフィールドでの身体指向アプローチの有効性を探求できる機会、そしてお互いに深め合える場が継続できることを願いながら、私たちも楽しく研鑽を続けたいと思います！

　　　　かわせ　はるみ（NPO法人フェミニストカウンセリング神戸）
　　　　さわらぎ　けいこ（NPO法人博多ウィメンズカウンセリング）

傷つきからの回復のためのボディワーク
～対人援助職・支援者向け体験プログラム～

発題者
栗岡 多恵子

　性暴力やＤＶ・虐待などを経験すると心身ともに深刻なダメージを受け、その後遺症から回復するにはかなりの時間を要する。トラウマが及ぼす身体への影響は甚大である。サバイバーが回復するためには、なぜそのような症状が心や身体に現れるのかトラウマが及ぼす身体への影響や対処方法などについての知識や情報を知ることが重要であり、その人の状況に応じた心理教育を受け理解していくことが回復促進への大きな鍵となる。トラウマからの回復には、心理的なアプローチと並行して身体からのアプローチが有効であると考える。

　現在、発題者の栗岡は、リラクセーション・ボディワーカーとして、自身の体験に基づいた「傷つきからの回復のためのボディワーク」を各地で行っている。このボディワークは、大きなストレスを体験した後に出現した不快な身体症状の緩和を図るために、少しでも楽になるようにと様々な身体的アプローチを重ねて自分自身で工夫して作り上げてきた（自分自身の〝こころ〟と〝からだ〟から生まれてきた）ものが基礎となって出来ている。トラウマのケアをする「からだのワーク」を実施しているところが少ない中、このボディワークを被害当事者及び支援者の方々のために広めたいと考えて、昨年の仙台大会に引き続き『傷つきからの回復のためのボディワーク』の体験プログラムを企画した。

　今回のワークショップでは、アロマテラピーや呼吸法・きれいな姿勢を保つためのウォーキングを取り入れた『栗岡式ボディワーク』を体験して頂くとともに、[サバイバーにとっての回復とボディワーク]と[ヨーガ、マインドフルネス、呼吸法]との関係性についても熟考する機会を共有させていただいた。

　ご参加いただきました皆さまと共に、ゆっくりゆったりとしたボディワークの時を紡ぐことが出来たことに感謝いたします。ありがとうございました。

　　くりおか　たえこ（Brisaブリーザ主宰　リラクセーション・ボディワーカー）

モラルハラスメントと ジェンダー

発題者
冨永明子

　Marie-France Hirigoyenの著書によって知られるようになったモラルハラスメント（以下、モラハラ）について、特に女性どうしの関係において生じる場合を取り上げ、その構造について理解することをめざした。

　モラハラは、一般には精神的暴力と説明されるが、複雑な特徴を有する。真の被害者を加害者であるかのようにみなし、真の加害者は被害者としてふるまうことで、周囲によって真の被害者に心理的攻撃が行われる。投影のメカニズムが働いており、真の加害者は自分の加害性には無自覚で、真の被害者が自分を攻撃していると心底思い込んでいる。そのため、話合いや関係修復は不可能である。こうした特徴を説明したうえで3つの事例を紹介し、加害者と被害者それぞれの心理を読み解いた。女性のジェンダーとされる非主張性、許容性、順応性といった要素は被害状況につながりやすく、同じく非主張的であって批判を受けることを嫌う攻撃性の高いタイプの人が加害傾向を呈すると思われる。問題の本質および状況が長引き悪化する要因はジェンダーと深く関連しているといえる。男性中心社会での女性どうしの分断は多く見られるが、モラハラも、旧くは「嫁姑」問題が代表的なように、ジェンダーに起因する加害-被害関係という分断状況であり、フェミニズムの視座が必要な問題であると考えた。

　参加者からは、自身の被害体験について、「周りを使う」攻撃の特徴や、加害者の被害妄想傾向が合致するとの意見や、相手を拒否することへの抵抗により被害を受ける、といった感想が出された。また、「和を大事にする」志向や「人から良く見られたい」思いが被害を受け入れることにつながるとの見方も語られた。

　ワークショップを通して、女性どうしの関係で起こるモラハラとジェンダーとの関連について共有、確認することができた。今後は、フェミニストカウンセリングの立場からモラハラの構造を理論的に整理し、有効な支援を探索的に研究していきたい。

　とみなが　あきこ（フェミニストカウンセリングWish）

離婚に向かうクライエントを どう支援するか

発題者
亀田紀子　椚座久子

　離婚のうち調停離婚は1割弱で、ほとんどの離婚が協議離婚になっているのが現実である。正当な養育費が払われないことも多い。調停には様々な問題を指摘されるものの調停を利用することで当事者が主張して権利を獲得できることも多い。

　2015年の京都大会では、「調停現場にもジェンダーの視点を」というテーマで、「調停とは」「平成25年1月家事事件手続法施行にともなう最近の動向」を解説した。2016年の金沢大会では、「それぞれの立場から支援のあり方を考える」をテーマに、調停委員、アドヴォケイター、カウンセラーの目で調停について多面的に語った。今回は、実践者がFCとアドヴォケイトの実践・経験を交流し、当事者の自己決定を支える方法を具体的に考える場にしたいと企画した。

　はじめに、椚座が家事調停の進め方の最近の動向について解説した。調停の透明性と当事者の主体性、調停の効率化をはかるため、「調停開始の時に、裁判官から当事者同士が同席で調停についての説明を受ける（同席説明）」「調停期日の終了時に同席で話し合ったことの確認をする（同席確認）」などが積極的に取り組まれているが、DVや一方が重篤な精神疾患を抱えている場合等で同席説明と同席確認を拒否することができる。

　次に亀田が、カウンセリングで気持ちを語り、課題を整理し、調停離婚を自己決定したクライエントへの調停準備のアドヴォケイトについて報告した。具体的には離婚の申立書の作成、陳述書作成のサポート、調停進行中の気持ちの立て直しを支援した。

　フリートークでは参加者の実践事例を報告しあった。相談者に調停を勧めたいが、調停について知らないことが多い、調停の結果が思うようにならない、調停で当事者が何を主張したいか（養育費や慰謝料の金額等を含む）、日頃感じていることを意見交換した。振り返りでは、調停について分からなかったことが具体的によく分かった、調停に関わる方々の生の声を聞くことができてよかった、今後は相談員として調停を勧めたい、調停委員に応募してみようと思ったなどが話された。

　離婚に向かうクライエントに、支援者として調停を理解して有効なアドヴォケイトができるよう、今後も支援者同士の情報交換をしていきたい。

かめだ　のりこ（ウィメンズカウンセリング富山）
くぬぎざ　ひさこ（ウィメンズカウンセリング富山）

性虐待サバイバーの回復
～非加害親との関係をめぐって～

発題者
執行照子　梶原知子

　加害親（おもには実父／養父も含む）から性虐待に遭い大きな心的外傷を抱えているサバイバーが精神的に回復していく過程において、非加害親（おもには母親）との関係が回復にどのような影響を及ぼしているのか、どのような要因になっているのかをテーマに、性虐待サバイバーのカウンセリング経験のある人を対象に開催した。

　発題者二人がサバイバーへのカウンセリング経験から回復に影響したと思われる非加害親との関係を問題提起し、参加者にも報告や意見を述べてもらった。報告では、実親からの被害経験よりも実兄や叔父、伯父からの被害が多く、実父、義父からの被害は少なかった。それ程実親からの被害は、語りづらくカウンセリングにたどり着くことさえ容易ではないのかもしれない。

　WSでの話し合いをもとにいくつか見えてきたことを整理すると、性虐待が起きる要因として、非加害親が被害児を守られない、保護できない状況に置かれていることが多い。例えば、非加害親の状況として、加害親とのDV関係による弱体化、非加害親が性虐待の準加害者、ほう助者になっているかに見える場合もある。

　また加害親との関係において、非加害親は加害親が引き起こす問題に振り回される、後始末をせざるを得ない状況に追い込まれているという視点も必要ではないか。例えば、加害親のアルコール問題、借金問題、生活していくために実家や親族宅への転居を含め環境を変えざるを得ない状況が根底にあり、非加害親は子に目を向ける余裕もなく結果的に一番力が弱い女児が被害に遭いやすいのではないかと思われる。

　またDV被害の影響と思われる非加害親の精神疾患や病弱、副次的被害ともいえる養育能力の低下、つまり被害児との関係が希薄で愛情を向けられない、被害児との関係性に愛着障害が疑われる場合などもある。

　こうした状況下で起きる性虐待は非加害親にとって"見たくない現実"であるため、被害児の訴えをまともに取り上げない、抑圧するなどの力が働き、被害児に二次被害を与えてしまう。被害児の回復に非加害親のサポートは大きな保護因子になるが、被害児を守る機能が有効に働くことは少ない。

　また打ち明けられた時の非加害親の対応が回復に関わるのはもちろんだが、被害前後の非加害親と被害児との関係性も大きく関わるのではないか。非加害親との愛着障害があるため、二次被害を受け続けながらも離れられない、支援者や他者との人間関係が希薄で、結果として孤立無援が回復を妨げるとも考えられる。

　数としては少なかったが、回復に向かった報告もあったことを付記しておく。

しぎょう　てるこ（NPO法人フェミニストカウンセリング神戸）
かじはら　ともこ（NPO法人フェミニストカウンセリング神戸）

発題者
池原真智子　福岡ともみ
友杉明日香

ワークショップで話し合った感想を述べていきたい。

被差別者の哀しみや苦悩や喜びをとらえていくというプロセスは、歴史性や制度的な側面も含め、その人のおかれている状況をキャッチし、心象風景に共振していくことではないかと思った。人間存在をひとつのカテゴリーだけで掬うことはできないだろう。掬えた時、「つよみ」を体感するが、同時に零れ落ちていくものもある。ただ零れ落ちたものは関係性の中で集めていける。もしかしたら、それは人間が複合的な存在であることを言語化する作業なのかもしれない。その作業から「あるべき人間像への囚われ」も解かれていくように思う。

社会にはびこる「ウィークネスフォビア（他者を「弱者」とみなして嫌悪すること）」への危機感も、このワークショップを企画したきっかけだった（スライド参照）。「依存しない」「1人で決める」「自己責任」などを「強さ」とし、それから外れるものを「弱者」として排除する。排除されないために相互監視が始まる。「弱者」とみなされないために、排除する側はターゲットを探し、そのターゲットへの嫌悪感情でのみ、まとまりを保つ。嫌悪だけでなく脅しや威嚇行為も伴う。ばらばらになった個の集まり、「弱さ」を語る言葉を持てない紐帯。まさに「男性性」に他ならない。このような社会に風穴を開けていくには、フェミカンの視点で差異を認め合った連帯関係を作り上げていくしかないのだろう。

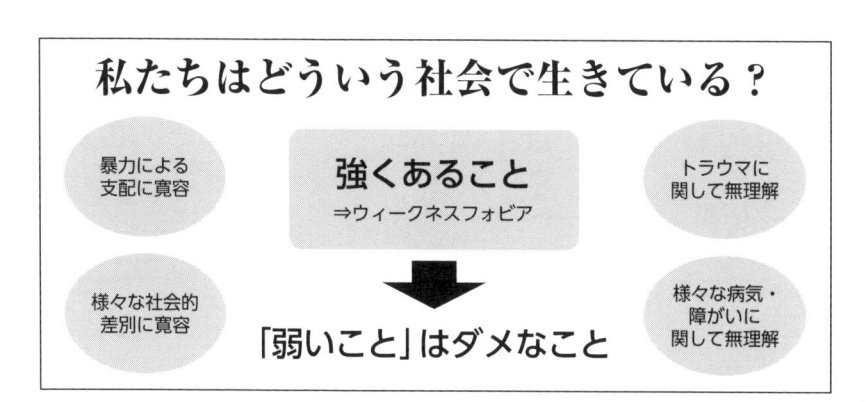

いけはら　まちこ（河合町町議会議員）
ふくおか　ともみ（ウィメンズカウンセリング京都）
ともすぎ　あすか（ウィメンズカウンセリング京都）

WS 7　女性相談における
フェミニストカウンセリングの取り組み
～自治体女性相談のFCスーパーバイズを考える／その実践から～

発題者
具　ゆり

　全国の自治体女性相談事業においては、「女性相談」に対する考え方、取り組み姿勢、相談員への研修やスーパーバイズ、ケース検討など、その実態には温度差があるのが現状です。

　報告者は民間FCルームでの20年のカウンセラー経験、自治体女性相談事業のスーパーバイザー経験から見えること、感じていることを、各地の女性相談員たちと共有し、分かち合う時間を持ちたいと、このWSを企画しました。

　民間FCルームは「フェミニストカウンセリング」の明確な方針、姿勢を打ち出しています。クライエントはカウンセリングの意思があり、時間とお金を使う覚悟で来所します。

　その一方、自治体は無料相談で、やむを得ない状況でいきなり窓口に来たり、即支援が必要な緊急ケース、介入やケースワークがガチで並走する相談など、公的機関が担う役割と求められるものには違いがあります。SVを通して痛感するところです。だからこそ、自治体女性相談員にはケースに対応しうるだけの知識や資質、力量、専門性と適切な情報が、FCの視点が、民間ルーム以上に求められるといえます。

　WSでは、報告者がSVをしている自治体の相談の現状、推移、実績を紹介し、雇用体制、SVにおける相談員とバイザーとの二人三脚のあり方、相談とSVがオンタイムで並行するメリット、相談員の孤立を防ぐ点でエンパワメントしやすい条件と相談の資質のレベルアップのための研修などを報告しました。
自治体での庁内連携、警察やその他専門機関とのネットワーク、すばやい支援など、うまくいく話ばかりではないけれど、メリットの多さは役所だからこそできることです。

　意見交換では、それぞれが所属する自治体の現状や課題、自分が関わる組織の問題などをシェア。単発で実施されるSV、担当者がコロコロ変わるSV、相談員へのサポートのなさ、一人態勢で臨まなければならない現場のしんどさ、初めての女性相談で学習の必要性を痛感している参加者など、それぞれが思いや立場を受け止めあい、では「私」はその現状の中で何ができるかを考えました。

　どんな組織や体制であっても、諦めないで声を出していかなければ何事も実りません。それぞれが自分の現場でフェミニストカウンセリングを反映させた

女性相談を実践しましょう、とお互いをエンパワメントするWSとなりました。

　　　ぐ　ゆり（認定フェミニストカウンセラー）

異業種の中での FC の実践 part 2
「公認心理師取る？」これからのフェミニストカウンセラーのアイデンティティ

発題者　　　　　　　　コーディネーター
石田ユミ　横山由佳子　　中川浩子

　公認心理師の制度が再来年からスタートすることが決まり、学会員にも資格取得を考えている人がいると考えられる。「伝統的なアプローチ」を批判してきたFCカウンセラーが公認心理師として働く時、私たちのアイデンティティはどう統合されるのか、FCは他の専門職とどう協働するのか、という点について議論した。

　1．発題者の一人横山は、ＮＰＯとして行政と仕事をしてくには、国家資格をもっているメンバーがいることが要件になってくるのは明らかと考え公認心理師受験を決めた。資格がないと食べていけなくなるという思いだけが動機だった。ＤＶ防止法前夜のような時から行政の中のＤＶの専門家としての地位を築いてきたが、頼られながらも行政からは見下されてきたような、そんな悔しさが込み上げてきた“一発逆転”への思いがある。

　2．年齢的なこともあり石田は自分に公認心理師資格が本当に必要なのかなと思う。現任者講習テキストを見たら“医師の指示に従うこと”や“連携”も要求される。今後、FCのルームの中でフェミニストカウンセラーだけの人と公認心理師という国家資格の人が出てきてくるだろう。食べていかなくてはならない若いフェミニストカウンセラーたちが分断されることなく、どうやっていくか本気でみんなで考えて、戦略的にしていかないといけない。

　3．中川はルームに所属して10年。FCに魅力を感じていながらも、まず、やはり経済面を考え臨床心理士資格を取った。これからも公認心理師資格を取って経済的に揺るがない土台を作って、その上でFCをやっていくのだと思っている。公認心理師はいわばエントリーレベルの資格だと考えられる。ジェンダーの視点はほとんどないので、「私は公認心理師で、専門はFCです」というのはありだなと思う。

　4．ディスカッション

●意見1：FCの資格を取って公益法人で女性の相談をしているが、これからFCの資格を取ろうという人がいない。公認心理師資格が導入されると事業がどうなるか不安。

●意見2：少なくとも男女共同参画センター、内閣府の男女平等参画局が関連しているところではFC資格か公認心理師資格が求められるようにするべきではないかと思う。

●意見３：個人開業ではクライエントは通院中の人が多い。医師の指示はどこまで適用されるのか。実際どういう形で同意を取るのか、書面なのかとか悩んでいる。

●意見４：現任者講習はジェンダーの視点やパワーの視点もなく危機感がある。FCの人たちには女性相談の現場にいて欲しい。取れる人には公認心理師をとってもらいたい。

●意見５：精神保健福祉士として働いている。診断は医師の仕事だが、利用者さんのメリットを最大にするのが目的なので、医師の言葉を鵜呑みにしたりしないやり方がある。

●意見６：行政の相談では相談経験は問われず、資格が重視されている。無資格で10年ほどやっているのもあって、無駄かもしれないがFCの資格を取ろうと思っている。

●意見７：ジェンダーの視点がない行政からリファーされるとか法テラスのパンフレットだけを渡しておしまいというケースがあるが、それだけではクライエントは路頭に迷う。

いしだ　ゆみ
よこやま　ゆかこ（特定非営利活動法人Safety First静岡）
なかがわ　ひろこ（フェミニストセラピィ"なかま"）

第 17 号原稿募集要綱

① 執筆要項（第16号に掲載）を満たした原稿をお送りください。

② 投稿資格は、特定非営利法人　日本フェミニストカウンセリング学会に2年以上在籍し、最低1回の全国大会に出席している者とします。

③ 応募原稿は、フェミニストカウンセリングおよびその近接領域に関する独創的で未発表のものに限ります。

④ 原稿の種別と論文の長さは以下の通りです。いずれも図表、参考文献を含みます。

   (1)　論文：原著論文（Original Article）に相当する論文
                               400字×40枚以内
   (2)　研究ノート：資料（Brief Report）として価値があると判断される著述
                               400字×20枚以内
   (3)　情報・報告（エッセイ）：会員にとって有益と思われる情報や報告
                               400字×10枚以内
   (4)　書評：会員にとって有益とされる文献の書評　400字×8枚以内

   (5)　その他：会員にとって有益とされるインタビュー、
          映画、小説、詩、芸術、新聞雑誌記事等への評論等
          長さは適宜指示する

⑤ 掲載の採否は、「フェミニストカウンセリング研究」編集委員会が決定します。編集方針により、加筆、修正を求めることがあります。なお、論文は編集委員以外で一定の基準を満たす査読者に審査を依頼し、そのコメントを参考にして、掲載の採否を決定します。研究ノートの査読の要否は個別に編集委員会で判断します。

⑥ 報告する事例に関しては、対象者の同意や、所属機関の倫理委員会の承認を得るなど、プライバシーに十分配慮してください。

⑦ 投稿原稿は、下記の2種をすべて提出してください。
⑴ 原稿
⑵ USB（Wordに限る）または電子メールで原稿を添付

⑧ 提出先は下記の通りです。簡易書留で送付してください。
〒102-0074　東京都千代田区九段南4-7-22
メゾン・ド・シャルー505
特定非営利活動法人　日本フェミニストカウンセリング学会
「フェミニストカウンセリング研究」編集委員会　宛
電話：03-3239-5330　FAX：03-3239-5331
E-mail：nfc@nfc505.com

詳しくは、執筆要項をご覧下さい。

また、ご不明な点は編集委員会までお問い合わせください。

執筆要領

① 横書き、使用言語は日本語とする。

② 原稿は、本文、註、参考文献、小見出しを含み、要綱に記載された枚数に収める。

③ 原稿は、Word入力し、USB（電子メールも可）と、印刷した原稿1部を提出する。

④ 論文と研究ノートには、キーワード（5個以内）、論文要旨（400字）をつける。なお、論文には、要旨の英訳（180語以内）もつける。

⑤ 著者は5名までとし、それ以上の場合脚注のみの表記になる。

⑥ 論文と研究ノートには、1枚目に別記として原稿の種類、表題、著者名、（住所・電話・電子メールアドレス）、所属を記載する。なお、論文には、英文表題、ローマ字著者名、英文キーワードも記載のこと。

⑦ 新かなづかい、常用漢字を用い、数字は算用数字、年号は西暦を使う。

⑧ 外国の人名、地名等の固有名詞は、カタカナと原語を併記のこと。

⑨ 本文中に文献を引用した場合、書名は『　』、文中の引用には「　」を用い、公刊年度を（　）で記載する。

⑩ 参考文献および引用文献は30個以内とし、本文の終わりに、著者名の五十音順または掲載順に表記すること。文献の記述形式は以下のとおり。
　⑴　単行本の場合は、著者名、発行年度（西暦）、『書名』、発行所、参考または引用頁の順序で記載のこと。
　⑵　雑誌の場合は、著者名、公刊年度（西暦）、「論題」、『誌名』、巻、号、記載頁の順序で記載のこと。
　⑶　編集と担当執筆者の異なる単行本の場合は、当該執筆者を筆頭にあげ、以下発行年度、論題、編集名、書名、発行所、頁の順序とする。
　⑷　雑誌名は略記を用いず、正式名を記載すること。

⑸ 同一著者で２種類以上の文献がある場合には、発行年度順に記載のこと。

⑹ 同年度に同一人の２種類以上の文献がある場合には1999a、1999bというように区別して記載のこと。

⑺ 著者が４名以上の場合、３名までを書き、邦文では「〜ほか」、欧文では"et.al"とすること。

【例】

井上摩耶子　1999「フェミニストカウンセリング理論化の試み─"関係のなかの自立"を考える」河野貴代美編『女性と心理　4巻─フェミニストカウンセリングの未来』新水社

Bolen,Japan S.1984 *Goddes in Every Woman:A New Psychology of Woman Harper* Colophon Books＝1991 松本邦子、詔司訳『女はみんな女神』新水社

⑪ 図表は、本誌に記載する大きさの２〜３倍に拡大して、１枚ごとに明瞭に作成し、挿入箇所を本文に指定すること。図表は１つにつき、400字として換算し、指定の字数内で収める。

⑫ 第１校は著者校正。

⑬ 提出された原稿、USBは、原則として返却しない。必要な方は、コピーを残すなど、必要な処置をすること。

⑭ 論文と研究ノートは、出版社に別刷りを依頼することができる。希望する場合は、編集委員に10部単位で連絡すること。但し、実費は著者負担。

⑮ 論文の著作権は、特定非営利活動法人日本フェミニストカウンセリング学会に帰属する。

⑯ 要領は改定されることがある。最新の『フェミニストカウンセリング研究』を確認すること。

『フェミニストカウンセリング研究』
創刊にあたって

　フェミニストカウンセリングは、他の心理療法とは一線を画し、女性解放運動から端を発して、社会変革と個人の意識変革の両翼を担ってきました。すなわち、ジェンダーの視点で、社会にある女性差別や抑圧、暴力の問題に取り組みながら、女性への心理的なサポートを行ってきたのです。また、フェミニストカウンセラーは地域における運動の担い手として、ボランティアとして、レイカウンセラーとして、草の根レベルで実践に即した活動をしてきました。

　特に昨今、心のケアへの関心が高まるなか、女性の人権意識の高揚とともに、セクシュアル・ハラスメントやドメスティック・バイオレンスなど、女性に対する暴力への対応が急務とされており、フェミニストカウンセリングの果たす役割は増大していると、私たちは認識しています。

　このような背景のもとに、活動の拠点としての「フェミニストカウンセリング研究連絡会」は、この度、「日本フェミニストカウンセリング学会」としてさらに発展することになりました。今後の活動においては、関連領域（福祉、医療、臨床心理、教育、法曹界、警察など）との連携や専門家としてのフェミニストカウンセラーの質の向上、さらなる育成が不可欠です。このため、フェミニストカウンセリングの活動や思想を明確化・普遍化し、社会への発信を通して社会的認知を得るとともに、会員相互の連携と研鑽を目的として、ここに『フェミニストカウンセリング研究』誌を発行するものです。

2002年10月

『フェミニストカウンセリング研究』バックナンバー

Vol.15/2017年
研究ノート　フェミニストカウンセリングにおける心理教育（川喜田好恵・日本フェミニストカウンセラー協会アプローチ研究会）
インタビュー　鎌田華乃子さん「『おかしい』と思うだけじゃ社会は変わらない」（聞き手：中川浩子）
書評　『バッドフェミニスト』（井上摩耶子）、『身体はトラウマを記憶する—脳・心・体のつながりと回復のための手法』（川瀬晴美）、『わたしを生きる知恵〜80歳のフェミニストカウンセラーからあなたへ』（福田由紀子）
記録　仙台大会シンポジウム・分科会・ワークショップ

Vol.14/2016年
論文　被害者の視点からみたセカンド・ハラスメント—ジェンダー・バイアスから生じる二次被害の検討（横江美園）
研究ノート　ホームレスから就労まで—婦人保護施設における女性たちのエンパワメントのプロセス（中川浩子）
報告　内閣府東日本大震災による女性の悩み・暴力相談事業「女性のための電話相談・ふくしま」5年間を振り返って（小倉久美子・苅米有希子）
インタビュー　中村明美さん「民間シェルターから性買社会を問う」（聞き手：中川浩子）
エッセイ　PTSD罹患15年を経て（新田裕子）
書評　『キレる私をやめたい〜夫をグーで殴る妻をやめるまで〜』（大石諭香）『家族写真をめぐる私たちの歴史　在日朝鮮人、被差別部落、アイヌ、沖縄、外国人女性』（遠藤惠）
記録　金沢大会シンポジウム・分科会・ワークショップ

Vol.13／2015年
論文　自己尊重トレーニングのプログラム開発—ナラティブ・アプローチを使ったプログラムの試み（杉本志津佳）
研究ノート　「フェミニストカウンセリングのアセスメントシート」作成の試み（小柳茂子・宮本恵・花崎晶）、DVのない地域づくり—フェミニストカウンセラーの役割（河野和代）
報告　日本フェミニストカウンセラー協会アプローチ研究会中間報告「フェミニストカウンセリングにおいての心理教育」（石田ユミ）
インタビュー　原ミナ汰さん「だれもが安心して自分らしく生きられる社会を

めざして（聞き手：小林りょう子、執行照子、竹之下雅代）

書評『オープンダイアローグとは何か』（荒谷静）、『高卒女性の12年：不安定な労働、ゆるやかなつながり』（中川浩子）

記録　福島大会（2014年）シンポジウム・分科会・ワークショップ

Vol.12／2014年

論文　「トラウマからの回復」の最終段階（井上摩耶子）、フェミニスト・ライフキャリアカウンセリングの提案〜中年期女性のライフキャリア形成支援プログラム〜 "マイナスからの再スタートの支援"（中川浩子・横山由佳子）

報告　「デート DV防止・DV予防教育」出前講座「すてきな恋をするために〜デートDVってなに？」に取り組んで（参画ネットなら　風味良美・松村徳子）

インタビュー　雪田樹理さん（弁護士　女性共同法律事務所）「弁護士の立場から、女性の権利を守り、発展させるための発信基地を！」(聞き手：荒谷静、執行照子)

エッセイ　〈ケア〉におけるセクシュアル・ハラスメント（室伏圭子）

書評　『性暴力と刑事司法』(中川和子)、『〈正常〉を救え—精神医学を混乱させるDSM—5への警告』(増井さとみ)、『カムアウトする親子—同性愛と家族の社会学』(原田徳子)

記録　福島大会（2014年）シンポジウム・分科会・ワークショップ

Vol.11／2013年

論文　フェミニストカウンセリングの視点と手法によるさまざまな領域における支援展開（富永明子）

報告　富山県におけるフェミニストカウンセリングの繋がりと広がりとこれから（椚座久子）、困難を抱える女性やマイノリティと共に生きる—フェミニストカウンセリングの視点に立ったアドヴォケイトを広げよう（福岡ともみ）

インタビュー　特定非営利活動法人いくの学園スタッフの方3名「人は人のなかで守られる」をモットーに！（聞き手：執行照子、福岡ともみ）

書評　『赤ちゃんポストと緊急下の女性：未完の母子救済プロジェクト』(中川浩子)、『刑事司法とジェンダー』(川喜田好恵)

記録　堺大会（2013）シンポジウム・分科会・ワークショップ

vol.10／2012年

論文　DV被害者の心理・社会的回復を促進するアプローチ—ソーシャルワー

クとフェミニストカウンセリングの協働に向けて（竹之下雅代）、フェミニストカウンセリングの視点に立ったDV被害者支援—支配からの解放と回復をめざした支援を考える（藤平裕子）

研究ノート　性の自己認知に及ぼす心理・社会的要因の影響—性同一性障害から考える（執行照子）

報告　「ウィメンズスペースふくしま」ができるまで（丹羽麻子）

インタビュー　中野冬美さん「カオナシ」バックラッシュの分析と対処法（聞き手：福岡ともみ）

書評　『文学力の挑戦—ファミリー・欲望・テロリズム』（大槻有紀子）、『私は私。母は母。—あなたを苦しめる母親から自由になる本』（増井さとみ）

記録　富山大会（2012年）シンポジウム・分科会・ワークショップ

vol.9／2010〜2011年

論文　フェミニストカウンセリングの視点を持ったアドヴォケイトの役割を持った問題—ドメスティックバイオレンス被害女性の裁判事例を通して—（福岡ともみ）、「家」維持装置として生きる女性へのアプローチ（椚座久子）

報告　地方都市でフェミニストカウンセリングルームを運営する（清野初美）、WEプラザ（広島市女性教育センター）主催「フェミニストカウンセリング基礎講座・前期」を受託して（友杉明日香）福島の女性支援—東京からの支援の現状と課題—（米田美映）

インタビュー　桂木祥子さん、コジさん（GWRCスタッフ）（聞き手　三谷眞希子、福岡ともみ、大槻有希子）

書評『フェミニストカウンセリングの実践』（三谷眞希子）、『治りませんようにべてるの家のいま』（中西あい）、『私たちの仲間—結合双生児と多様な身体の未来』（針生早苗）

記録　静岡大会（2010年）シンポジウム・分科会・ワークショップ
　　　姫路大会（2011年）シンポジウム・分科会・ワークショップ

vol.8／2009年

研究ノート　自己尊重感を高める〜自己尊重トレーニングの実践から〜（増井さとみ）、若年層のDV防止啓発にフェミニストカウンセリングの視点は有効か—デートDV出前講座の実践から—（安本理子・成田厚子）、インターセックス女性にフェミニストカウンセラーがすべきこと（小林涼子）、2008年度ケースアプローチ研究会　関西ブロックからの報告　長期ケースの検討で見えたフェ

ミニストカウンセリングの課題（加藤伊都子）

報告　東海地区「男女共同参画をすすめる相談事業」研究会の試み（丹羽麻子）、世界YMCAアジア太平洋

地域トレーニング会議（RTI）に参加して（具ゆり）

インタビュー　加藤治子さん（女性の安全と医療支援ネット・「SACHICO」代表）(聞き手　杉本志津佳・三谷眞希子）

書評　『ナショナリズムの狭間から』（椹木京子）、『援助者の思想』（小松明子）、『子育て支援と世代間伝達』（中川祥子）

記録　名古屋大会　シンポジウム・分科会・ワークショップ

vol.7／2008年

論文　「在日」コリアン女性とフェミニストカウンセリング—「在日」女性とシスターフッドのために（具ゆり）、DV被害者保護のために—被害者殺害事件から見える現状と課題（河野和代）

研究ノート　2007年度ケースアプローチ研究会　関西ブロックからの報告　トラウマにフェミニストカウンセリングはどのようにアプローチするか？（執行照子）

インタビュー　越道静子さん（ワーキング・ウィメンズ・ネットワーク代表）(聞き手　川喜田好恵）

書評『セクハラ相談の基本と実際』（宮本恵）『アサーティブトレーニングBOOK』(田口京子）

報告　京都大会　シンポジウム・分科会・ワークショップ

vol.6／2007年

特別寄稿　フェミニストカウンセリングの取り組むべきテーマを整理する（周藤由美子）

論文　部落差別／複合差別とフェミニストカウンセリング（福岡ともみ）

研究ノート　学生相談におけるデートDV防止啓発の試み（吉岡香）

インタビュー　伊藤みどりさん（女性ユニオン東京）(聞き手　仁科順子・遠藤みち恵）

書評　『ペルセポリスⅠ、Ⅱ』『刺繍』（松山ちづる）、『ワーキング・プアーアメリカの下層社会』（松里篤子）、『女性の発達臨床心理学』（山口理恵子）、『社会企業家という仕事　チェンジメーカーⅡ』(遠藤みち恵）

Vol.5／2006年

特別寄稿　性暴力裁判と「もうひとつの物語」(オルタナティブ・ストーリー)(井上摩耶子)

研究ノート　フェミニストカウンセリングとパーソン・センタード・アプローチの間にある"わたしらしさ"の構造とその理解についての一考察 (黒瀬まり子)

報告　NFC学会　セクハラ都会の均等法改正への取り組み (周藤由美子)

エッセイ「団塊ジュニア世代」の女性とフェミニズム (中西あい)

書評『トラウマの医療人類学』(柳本裕加子)、『わたしって共依存？』(山口理恵子)

資料　特定非営利活動法人　日本フェミニストカウンセリング学会の活動 (海渡捷子・小林良子)

vol.4／2005年

論文「ストーカー行為規制法」の問題点と今後のありよう―被害から回復を射程に入れて (石田邦子)

研究ノート　女女格差から見る女性福祉の包括的視座への提案 (神山典子)、法的手段のプロセスにおける心理的アプローチを考える (杉本志津佳)、薬物依存者の母親 (友杉明日香)、女性プレイヤーは「依存的」か？―その言説の背後にあるもの (山口理恵子)

報告　性暴力被害者の居場所作りの記録―「サポートハウス"じょむ"」の今までとこれから (海渡捷子・小林良子)

書評『女性のメンタルヘルスの地平―新たな支援システムとジェンダー心理学』(井上摩耶子)、『病をおこす心　病を癒す心』(与語淑子)、『ラディカル・オーラル・ヒストリー　―オーストラリア先住民アボリジニの歴史実践』(河野貴代美)『応用倫理学抗議5　性／愛』(遠藤みち恵)

vol.3／2004年

論文　「理想家族」の崩壊と再生―DVと虐待が潜んでいた事例へのフェミニストの視点からの取り組み (中野恵美子)、性別役割意識とフェミニズムの間で―離婚を選べない女性たち (加藤伊都子)

研究ノート　性暴力被害者の尊厳の回復とその支援のために―2000年「女性国際戦犯法廷」・ハーグ判決が示すこと (柳本裕加子)、「偽りの記憶」論争から何を学べばいいのか―『危ない精神分析』を批判する (周藤由美子)、日本における外国籍女性とドメスティック・バイオレンス―アジア人女性の支援現場から (松代東亜子)、アドヴォカシィにおいてフェミニストカウンセラーに期

待されること（遠藤みち恵）

報告　設立10周年記念大会シンポジウム　これからのフェミニズムの困難と希望—"ポスト"フェミニズムとポリティックス～フェミニズムの戦略に希望の萌芽は見出せるのか～（シンポジスト：大沢真理・竹村和子　コーディネーター：河野貴代美）

再録　メアリー・ハーヴェイ博士講演　フェミニストカウンセラーのための性・暴力被害者の回復補助への道筋—支援の現場で何ができるか（川喜田好恵）

エッセイ　スクールカウンセリングを体験して—スクールカウンセラーに必要なジェンダーの視点（石川千鶴子）

書評『女性とジェンダーの心理学ハンドブック』（竹之下雅代）、『フェミニスト社会福祉原論—社会福祉の新しい研究視角を求めて』（榊原佐和子）、『＜民が代＞斉唱—アイデンティティ・国民国家・ジェンダー』（河野和代）

vol. 2／2003年

論文　フェミニストカウンセリングの理論化（パート2）—技法をめぐって（河野貴代美）、暴力被害女性のサバイバル物語として読む「阿佐緒」（鈴木道子）

研究ノート　ドメスティック・バイオレンスをめぐる男子学生たちとの時間—男子学生と「エンパワメント」（柳本裕加子）、キャンパス・セクシュアル・ハラスメント専門相談員の役割と課題（周藤由美子）

書評『DVと虐待「家族の暴力」に援助者ができること』（早苗麻子）、『キャサリン・マッキノンと語るポルノグラフィティと売買春』（杉本志津佳）、『愛について—アイデンティティと欲望の政治学』（西川けい子）、『モラル・ハラスメントが人も会社もダメにする』（与語淑子）、『スポーツ・ヒーローと性犯罪』（山口理恵子）

シンポジウム再録　性暴力裁判とPTSD－法的・医学的・心理的サポートの現場から—2002年「日本フェミニストカウンセリング学会」神戸大会シンポジウム再録（シンポジウム：白川美也子・長谷川京子・井上摩耶子　コーディネーター：川喜田好恵）

報告　今、改めて、行政の「女性相談」を考える（坂田幸子）、「配偶者からの暴力の防止と保護に関する法律」快晴とフェミニストカウンセリング（遠藤智子）

vol.1／2002年

巻頭　フェミニストカウンセリングのよりよい制度化に向けて（上野千鶴子）

論文　フェミニストカウンセリングの理論家をめぐって　パート１（河野貴代美）、性暴力裁判とフェミニストカウンセラーの役割（井上摩耶子）、フェミニストカウンセリングにおけるジェンダーの脱構築（川喜田好恵）

研究ノート　CR研―その後―（加藤伊都子）、暴力と法律の運用に関して―ドメスティックバイオレンスは犯罪か？（柳本裕加子）、心身医学とフェミニストカウンセリング（小山敦子）、フェミニストカウンセリング技法としてのアサーティブネス・トレーニング（小柳しげ子）

書評　『PTSDの医療人類学』（すずきみちこ）、『彼女の「正しい」名前とは何か　第三世界フェミニズムの思想』（朴才暎）、『ラディカルに語れば…上野千鶴子対談集』（河野和代）、『心的外傷の危機介入』（手塚浩子）

報告　シンポジウム「２１世紀フェミニズムは何とたたかうのか―しのびよるバックラッシュ―」（能條真子）、いま、民間女性シェルターに求められているもの「ウィメンズサポートセンターにいがた」のチャレンジ（西澤真知）

●ジャーナルが完成しました。ジャーナルがフェミニストカウンセリングの実践につながることを願っています。(石田)

●書きたいと思えない私が編集となると更に腰が引けるところですが、最初の読者として読み進めるほどに実践や思いを文章化することの意義と必要性を感じました。これは自分自身へのメッセージでもあります。(片桐)

●海渡さんのインタビュー記事をまとめながら、フェミニストカウンセリングは女性たちの期待を受け誕生したのだということを改めて思い出しました。今フェミニストカウンセリングに期待されているものは何なのかを改めて考えさせられました。(加藤)

●新水社村上さんの訃報で一時はどうなることかと思いましたが、無事発刊にこぎつけることが出来、嬉しく思います。
村上さんも安心してくださっているかな…。(小林)

●女性団体にとって次世代への継承は大きな課題だが、FCも会員の高齢化および現役引退などの理由で大きな転機を迎えている。DV家庭内での虐待やストーカー被害、性暴力被害などがニュースになり、FCならではの有効性が理論としてまとめられる必要性が高まっている。ジャーナルの果たす役割は大きい。(執行)

●性暴力被害者支援の現場からの社会変革、二分化された「女性」に限定されない学会のあゆみ、・・・等、発信されている今号掲載のメッセージを受け取りたい。(竹之下)

●16冊目となるジャーナル。これまでのFCの理論化と実践、重ねてきた試みと挑戦、その活動と報告に、FCの魅力を再確認させられます。FCをもっと社会に伝えていかなくては!(藤平)

●紙ベースでジャーナルを作り続ける意味が問われる昨今。お金と手間をかけても尚やり続けるには、質の向上というメリットがついてこないと。編集や出版を、もっと勉強したいと思ったのでした。(中川)

●「以前からＦＣはやってきた」ことを、言葉にして文字で残していかなければなりません。足跡をたどり、さらに現在から未来に続くように。伝えていかなければ、なかったことになってしまいます。これまでもこれからも受け継がれていくための大切な作業です。(横山)

フェミニストカウンセリング研究 Vol.16

発行日　2019年5月20日

編　集　特定非営利活動法人日本フェミニスト
　　　　カウンセリング学会
　　　　「フェミニストカウンセリング研究」
　　　　編集委員会　委員長　中川浩子

発　行　特定非営利活動法人日本フェミニスト
　　　　カウンセリング学会　代表　執行照子

　　　　〒102-0074
　　　　東京都千代田区九段南4-7-22
　　　　メゾン・ド・シャルー505
　　　　tel.03-3239-5330 fax.03-3239-5331

発売元　株式会社カナリアコミュニケーションズ
　　　　〒141-0031東京都品川区西五反田6-2-7
　　　　ウエストサイド五反田ビル3F
　　　　tel.03-5436-9701 fax.03-3491-9699

印刷所　株式会社クリード